땅의 역사

땅의 역사 7

삭제된 기억들

초판 1쇄 | 2024년 5월 20일

글과 사진 | 박종인

발행인 | 유철상
책임편집 | 김수현
편집 | 김정민
디자인 | 주인지, 노세희
마케팅 | 조종삼, 김소희
콘텐츠 | 강한나

펴낸곳 | 상상출판
출판등록 | 2009년 9월 22일(제305-2010-02호)
주소 | 서울특별시 성동구 뚝섬로17가길 48, 성수에이원센터 1205호(성수동2가)
전화 | 02-963-9891(편집), 070-7727-6853(마케팅)
팩스 | 02-963-9892
전자우편 | sangsang9892@gmail.com
홈페이지 | www.esangsang.co.kr
블로그 | blog.naver.com/sangsang_pub
인쇄 | 다라니
종이 | ㈜월드페이퍼

ISBN 979-11-6782-197-3 (03910)

땅의 역사

삭제된 기억들

글과 사진 박종인

상상출판

일러두기

1. 본문에 등장하는 인물 나이는 2024년 기준의 연 나이로 했습니다.
2. 본문에 나오는 1896년 이전 연도와 날짜는 음력 기준입니다. 필요할 경우 양력으로 표시한 부분도 있습니다.
3. 인용된 1차 사료 출처는 본문 내에 표기하지 않고 숫자로 주석을 달아 본문 뒤편 '주'에 표시했습니다.
4. 단행본·총서·정기간행물에는 겹낫표(『』)를, 인용서에 수록된 글·장·통계자료에는 홑낫표(「」)와 작은 따옴표(' ')를, 노래·미술작품에는 홑화살괄호(〈〉)를 사용했습니다.
5. 반복적으로 사용되는 동일 출처 표기에는 일부 정보를 생략하고, 흐름에 맞게 의역한 부분도 있습니다.
6. 보편적으로 알려진 역사적 사실은 따로 인용 출처를 표시하지 않았습니다.
7. 몇몇 인명과 지명은 외래어 표기법을 따르지 않고 독자들에게 낯익은 발음대로 표기했습니다.

작가의 말

이 책을 읽는 법

『땅의 역사』 7권 부제는 '삭제된 기억들'이다. 경치 좋고 즐거운 곳 덕분에 망각돼 버린 기억들에 관한 보고서다. 망각됐지만 되도록 우리네 뇌리 어디쯤 보관해 두면 여행이 더 재미있어지고 의미 있어지는 그런 장소와 역사에 대한 이야기다.

공포영화는 즐겁다. 비극으로 끝나는 멜로영화도 즐겁다. 현실과 상관없는 스토리니까 슬퍼도 즐겁고 무서워도 즐겁다. 답사 여행도 비슷하다. 비극적 삶을 살았던 옛사람들의 흔적에서 우리는 씁쓸함과 함께 비장한 즐거움을 느낀다. 형편없는 졸장부나 악녀 발자국을 따라가면서 분노와 함께 여행하는 쾌감을 느낀다. 특히나 그런 인물들과 삶이 이러저러한 이유로 알려지지 않았거나 은폐돼 있었다면 여행객들은 발견이라는 짜릿한 쾌감도 느끼게 된다.

이 일곱 번째 『땅의 역사』는 그렇게 '삭제된 기억들'의 흔적들을 찾아가 보았다. 웅장한 경복궁 경회루에서 벌어졌던 기가 막히는 사대(事大)와 굴종의 여름밤을 엿보았다. 그저 원시인들이 살던 고고학적 동굴로 알고 있는 점말동굴에서 최강 고구려가 패망하고 최약체 신라가 삼국을 통일하게 된 경위를 알아보았다.

역사에 이름 하나 남길 생각도 없는 민초들이 살았던 둔지미 마을의 비밀, 지금은 가족 나들이 장소로 변한 서울 용산공원의 숨은 이야기를 들어 보았다. 조선 왕들 가운데 가장 똑똑했다는 세종을 농락한 풍수가 최양선의 여러 발자국을 훑어보았다.

드라마나 영화 심지어 번듯한 백과사전까지도 잘못 소개해 놓은 괴담의 현장도 가 보았다. 드라마에서 『동의보감』 허준의 스승이라고 소개된 유의태가 사실은 허구요 실제로는 유이태라는, 허준보다 100년 뒤 인물이라는 사실도 알아보았다. 허구임을 알고도 그 유의태를 기리는 상업적 기만술에 대해서도 알아보았다. 신숙주는 정말 숙주나물처럼 변절을 일삼았다고 조선 내내 비난을 받았을까. 아니었다. 알아야 보인다.

역사에 대한 거짓말과 괴담 그리고 삭제와 왜곡은 무지한 탓도 있지만 피해의식도 원인이다. 대한민국 근대사에 큰 흉터를 남긴 식민시대 역사는 참 많은 것들이 삭제되고 왜곡돼 있다. 식민시대 조선에서 활동한 일본 토목회사 하자마구미는 지금도 곳곳에 그 흔적이 남아 있다. 엄연히 대한민국 근대사의 한 부분임에도 우리는 하자마구미에 대한 기억을 삭제하고 은폐했다. 암울한 식민시대 조선 농촌을 살리려고 거액을 투자했던 기업가 이종만은 총독부에 돈을 기부했다는 이유 하나로 친일파로 분류돼 있다. 그가 서울 종로에 남긴 흔적 앞에서 이종만을 단죄만 하고 삭제만 하고 있을 것인가.

망각되는 것도 서러운데, 일부러 삭제해 버리는 역사는 어떡할까. 온통 공사판으로 변했던 서울 고궁들은 역사 본연의 모습과 달리 마치 민속촌처럼 '보기 좋고' '놀러 가기 좋은' 공원으로 변해 버렸다. 무식한 문화재 당국 때문에 '멀쩡하게 있는' 유적이 100년 동안 실종된 것으로 포장되기도 했다. 무지한 당국 설명과 달리 경복궁 영추문에 있던 월문은 지금 경복궁관리소 앞 자경전 담에 100년째 서 있다. 천만다행이다. 이 문에 문화재청은 얼른 안내판을 만들어 주기 바란다.

이들 이야기들에게 '나는 몰랐다'와 '아프고 어지러웠다', '나는 속았다'라는 제목을 붙여 놓았다. 삭제되거나 망각된 기억들의 장소는 몰랐던 역사, 혼란한 시대 속 혼란한 역사를 담은 곳에는 어지럽고 아팠던 기억을 끄집어냈다. 은폐해 버리고 왜곡해 버린 역사를 볼 곳에 대해서는 속아 왔던 그 역사의 진실을 적었다.

마지막으로 '집' 이야기다. 태어나는 곳도 집이요 사는 곳도 집이며 죽는 곳도 집이다. '나는 집이다' 장은 구체적인 답사 정보라기보다는 역사를 바라보는 법에 대한 에세이다. 신문에 「땅의 역사」를 연재해 온 지 2023년으로 10년이었다. 짧지도 않지만 길지도 않다. 그 10년이 나에게 가르쳐 준 '역사를 바라보는 눈'을 이들 집을 통해 써 보았다.

답사를 하면 눈과 머리가 즐겁다. 마음에는 무엇을 담아야 할까. 관심과 교훈이다. 아는 만큼 보이고, 보이는 만큼 얻어야 한다. 그래야 여행과 답사가 완성된다고 나는 생각한다. 그 무엇이 됐건, 역사가 벌어진 현장에서 무언가 마음으로 얻는 바가 있으면 완전체로서 여행이 탄생하는 것이고, 그런 여행에 이 책이 도움이 됐으면 좋겠다.

2024년 봄날

저자 박종인

차례

1장 나는 몰랐다

미치광이 짓과 같나이다

2장 아프고 어지러웠다

소나무 앞에서, 사람이 운다

차례

3장 나는 속았다

가만히 내 인생을 생각해 보았다

4장 나는 집이다

나는 화려했다

1장

나는 몰랐다

미치광이 짓과 같나이다

남양만

01 1537년 경회루에서 벌어진 막장 사대(事大) 대참사

'주상 앞에서 중국 사신들은 심야까지 기생과 희롱하였다'[1]

서기 1368년 주원장이 명태조에 등극했다. 이듬해 고려 공민왕 또한 원나라를 버리고 명에 입조했다. 그때 명이 제후국인 고려 왕실에 축문祝文을 내리고 명산대천에 이를 읽으며 제사를 올리라 명했다. 1394년 명태조 주원장은 그 축문 내용을 확정한 『황명조훈』을 발표했다.[2] 『황명조훈』은 주원장이 자기 후손 황제들에게 천하를 다스릴 때 참조하라고 만든 지침서다.

권지국사權知國事라는 벼슬로 고려 정권을 장악했던 이성계는 부하들에게 떠밀려 못 이기는 척 고려 왕위에 오르고 나서야 사신을 통해 명나라 황제가 만든 축문을 보게 되었다. 그 시작이 이러하였다.

'고려 배신 이인임의 후손 이모李某가 나쁜 짓을 하므로 이를 상제上帝에 고하라.'[3]

여기 나오는 '이모'는 전주 이씨 이성계다. 그가 후손이라고 한 이인임은 본관이 성주요, 이성계의 친원파 정적이었다. 조선 건국 2년 뒤에야 이 사실을 알게 된 조선 정부는 이를 고치기 위해 눈물겨운 투쟁을 벌였으니, 이를 '종계변무宗系辨誣'라고 한다. 봉건 왕조 뿌리를 뒤집어 놓은 이 황당무계한 족보 왜곡을 바로잡기 위해 조선 정부는 그 어떤 가련한 일도 서슴지 않았다. 오늘 이야기 장소는 경복궁 경회루요, 때는 중종 때인 서기 1537년 봄날 저녁이며, 주제는 눈 뜨고 보지 못할 치욕의 사대 대참사다.

막장의 씨앗, 족보

개국 2년째인 1394년 4월 25일 흠차내사欽差內史 직책을 가진 명나라 내시 황영기黃永奇가 조선을 찾았다. 황영기는 조선인 출신 내시였다. 그때 황영기가 가져온 축문을 보고 이성계는 황제가 자신을 아들로 알고 있음을 알았다.[4] 문제는 심각했다. 이 축문을 명산대천에 가서 두루 읽으며 스스로 저주해야 하는 게 아닌가. 게다가 저주가 이뤄지지 않으면 '정토군을 일으키지 아니할 수 없다'는 협박까지 달려 있었으니, 하늘과 황실이 연합해서 조선 왕실을 멸망시키겠다는 것이다. 태조는 아들 이방원까지 사신으로 명나라에 보내며 "아랫사람을 슬프고 긍휼히 여겨 족보를 바로잡아 달라"고 애원했다.

문제가 원만히 해결된 줄 알고 있던 조선 정부는 8년 뒤 다시 기겁했다. 이방원이 왕위에 오른 직후인 1402년, 명에서 돌아온 사신이 "이씨 왕실이 여전히 이인임 후손으로 적혀 있다"고 보고하는 게 아닌가. 태종은 이듬해 11월 명 황실에 문서를 올리며 다시 한번 수정을 요청했다.[5] 또다시 해가 바뀌고서야 명나라는 당시 황제 영락제가 조선 측 요구를 수용했다는 문서를 보내왔다.[6]

114년 뒤인 1518년 중종 때 사신들이 명나라 법전『대명회전大明會典』을 구입해 왔다. 조공 국가의 조공 품목을 나열한 '조공-조선국' 규정을 보니, 놀랄 수밖에 없었다. 여전히 이성계는 이인임 아들이며, 한 발 더 나아가 '이들 부자가 왕씨 왕 넷을 죽였다'고 기록돼 있는 게 아닌가! 정적의 아들이라는 기록도 억울한데 그 정적과 손잡고 왕을 넷씩이나 죽인 살인범이라니. 통분痛憤한 조선 정부는 이후 줄기차게 기록 수정을 요구했다. 명 정부는 요지부동이었다. 그리고 19년 뒤 어느 봄날 밤, 천자국에서 막장 사신들이 궁궐에 들이닥친 것이다.

사신에게 다섯 번 절한 중종

1536년 12월 1일 평안관찰사 이귀령은 명나라 한림원 수찬 공용경龔用卿과 호과 급사중 오희맹吳希孟이 황실 태자 탄생 기념 조서를 들고 조선을 방문한다고 보고했다. 공용경과 오희맹은 '무식한' 무신도, 조선 출신 환관도 아닌 말이 들어 먹힐 문신文臣들이니 족보 수정이라는 왕실 최우선 외교 목적을 달성할 기회였다. 중종은 즉시 사신을 접견할 때 입을 복식을 만들라고 명하고 접견 준비에 착수했다.[7]

이듬해 봄, 압록강을 건넌 사신들이 평양에 도착했다. 그때부터 이상한 조짐은 이미 나타났다. 공식 의례를 행하기 전 사신 공용경이 중종에게 사신이 가져온 칙서를 향해 허리를 숙이는 국궁鞠躬이 아닌 오배삼고두례五拜三叩頭禮를 행하라고 요구한 것이다. 오배삼고두례는 다섯 번 절하고 마지막 절에는 세 번 고개를 숙이는 예법이다. 명나라 법전인『대명회전』에 실려 있는 예법이며 천하가 다 거행하는 예법이라는 것이다.[8]

망설이던 중종은 닷새 뒤 이를 수용하고 3월 10일 서대문 밖 모화관에서 왕세자와 문무백관, 유생들을 거느리고 공용경과 오희맹을 맞이하며 다섯 번 절하고 세 번 고개를 숙였다.[9] 개국 이래 처음 있는 예법이었고, 이후로 이는 명-청 사신에 대한 공식 예법이 됐다.[10] 그런데 이들 사신은 옛 사신들과 달리 서울 도착 전 조정에 공식 문서를 보내 '당도할 때까지 여인이 시중드는 일을 금하라'고 부탁한 보기 드문 '청렴한' 인물들이긴 했다. 겉으로는.[11]

봄날 밤 벌어진 경회루 대참극

3월 14일 오후 1시, 공용경과 오희맹이 경복궁에 입궐해 경회루 남문으로 들어왔다. 지금과 달리 당시 경회루는 사방에 담이 둘러친 은밀한 공간이었다.

사신과 가볍게 인사를 나눈 중종은 본론부터 꺼냈다.

"『대명회전』 편찬을 맡은 대인께서 오시니 한 나라 원통함을 씻어 주시오."

정사正使 공용경은 "이다음에 새로 편찬될 『대명회전』을 보시면 알게 될 것"이라고 자신 있게 말했다. 중종은 거듭 "이인임은 전주 이씨 왕실과 무관하다"고 말하며 수정을 다짐받았다. 공용경은 "같은 내용을 문서로 써서 부사副使 오희맹에게도 주시라"고 말했다.

본론이 끝나자마자 분위기가 돌변했다. 알고 보니 그들은 청렴과 거리가 먼 인물들이었다. 중종이 후원後苑 산책을 권하자 공용경이 느닷없이 "관복 대신 평상복을 입고 싶다"고 말했다. 중종이 "대인들은 그리하시라"고 하자 두 사신은 입고 있던 의례복을 평복으로 갈아입고 등장했다.

그렇게 곤룡포를 입은 중종과 평복을 입은 명나라 사신들이 경회루 2층에

경복궁 경회루에서는 왕이 주재하는 연회가 수시로 열리곤 했다. 그런데 중종 때인 1537년 봄날, 명나라 사신인 한림원 수찬 공용경과 호과 급사중 오희맹은 배석해 있던 조정 신하들이 온몸을 떨며 분통을 터뜨릴 정도로 오만방자하게 굴었다.

서 주연을 즐겼다. 이들은 백악산을 공극산, 인왕산을 필운산으로 개명하고 이 이름들을 붓으로 써 줬다. 그리고 후원으로 걸어가며 봄밤을 즐겼다. 명 사신들은 꽃을 꺾어서 중종 익선관에 꽂았는데, 하나만 꽂으려 하는 중종에게 두 개를 꽂으라 우겨서 우스꽝스러운 모습을 만들기도 했다. 불편한 예복을 입은 임금이 정원을 걸으니, '한 나라 임금을 끌고 정원 안을 두루 걸으므로 곤룡포가 풀 이슬에 질질 끌리게 되고 울퉁불퉁한 구릉과 골짜기에서 임금이 비틀거렸다.' 이를 본 신하들은 그 무례함에 분개하고 한탄하지 않은 자가 없었다.

밤이 깊어 불꽃놀이를 관람한 뒤 술자리가 이어졌다. 사신들은 잔을 돌리려는 중종을 막고, 큰 잔에 가득 술을 부어 나눠 마시자고 제안했다. 해산물이 안주로 나오자 공용경은 "조리를 잘못 해 입에 맞지 않는다"고 타박했다. 행패는 끝이 없었다. 술이 다 돌고, 공용경이 큰 글자를 써 주겠다고 제안하며 이렇게 주문했다.

"젊은 기녀 둘에게 촛불을 들게 하고 또 젊은 기녀 넷은 춤을 추게 하라."

기녀들이 춤을 추었다. 공용경이 "선학仙鶴이로다!" 하며 촛불을 든 기녀 머리 장식을 떼어 내고 얼굴을 기녀에게 들이밀었다. 그리곤 큰 붓에 먹물을 적시더니 그 기녀에게 뿌리는 게 아닌가. 여자 얼굴과 옷에 온통 먹물이 튀었다. 그러고는 공용경은 한참 동안 허공에 붓을 놀리며 농담을 해 대는 것이었다. 대사헌 권예가 중종에게 이리 아뢨다.

평상복을 입고 나타난 중국 사신은 경회루에서 젊은 기녀 넷에게 춤을 추라 하고 큰 붓에 적신 먹물을 촛불 든 기녀에게 뿌리며 외설한 짓을 멋대로 방자하게 하였다. (『중종실록』)

저 어스름한 달빛 아래 중종과 신하들은 중국 사신 행패에 분통을 터뜨렸것다! (『중종실록』)

"사대는 성의 있게 해야 하지만, 저들의 소행은 미치광이 짓과 같나이다."

모두가 그러했다. 중종 자신도 마찬가지였다. 조상 족보를 바꿔야 하는 의무가 아니었다면 큰 사달이 났을 터이나, 중종은 "저들이 술을 권하지 않으면 나 또한 권하지 않겠다"고 참았다. 자정이 될 때까지 조선 국왕 중종과 관료들은 이 명나라 사신이 펼치는 음주 서예 '쇼'를 묵묵히 지켜봐야 했다.[12] 사흘 뒤 두 사신이 본국으로 돌아갔다. 태평관에 가서 이들을 만난 중종은 '종계변무' 보고서를 담은 문서책을 손에 쥐어 주며 이들을 환송했다.[13] 그 후한 대접과 수모에 보답이 있으리라 확신했다.

그래서?

화끈하게 대접받은 그들이 조선국 소원을 들어줬는가.

들어주지 않았다. 향응 접대와 갖은 뇌물을 받은 이들이 돌아가고도 종계변무는 감감무소식이었다. 자그마치 52년이 흐른 1589년 선조 때에야 명나라에서 『대전회통』 개수 작업이 이뤄졌다. 이를 성사시킨 관료 열아홉은 나라를 빛낸 '광국공신光國功臣'에 책봉됐다.[14] 그리고 3년 뒤 임진왜란이 터졌다. 백성이 경복궁을 불태웠다. 아주 훗날 흥선대원군이 궁궐을 중건할 때까지 오래도록 경회루에는 돌기둥만 서 있었다.

그사이 아주 많은 날이 갔다. 지금 경회루는 굳건하게 서 있다. 은밀하던 경회루의 연못과 우람한 누각은 시민에게 개방돼 있다. 사대의 흔적? 간곳없다. 다시 있어서는 아니 될 그 흔적. 땅의 역사

02 1년 새 두 번 불탄 궁궐, 창덕궁과 창경궁

백성을 무시하고 권력만 좇았던 오군(汚君) 인조

1592년 음력 4월 임진왜란이 터지고 조선 수도 한성에 있던 궁궐들이 불탔다. 경복궁이 불탔고 창덕궁, 창경궁이 불탔다. 방화였다. 방화 원인 제공자는 중국 망명길을 떠난 국왕 선조였고 방화범은 백성이었다. 전쟁이 끝나고 갈 곳 없던 선조는 성종 큰형 월산대군이 살던 정동집을 궁궐로 개조해 들어갔다. 아들 광해군은 창덕궁에 살았다. 경복궁 동쪽에 있는 이 창덕궁과 창경궁을 합쳐서 '동궐東闕'이라고 한다.

1623년 광해군을 쫓아내고 왕이 된 인조 정권 때 동궐은 두 번 더 불탔다. 그것도 정권을 빼앗고 만 1년도 안 돼서. 한 번은 인조반정 무리의 실화失火로, 한 번은 인조 정권을 혐오하며 '새 세상을 만들겠다'고 일어난 이괄 반군과 백성에 의해. 권력욕에 눈멀어 서로 다툼을 벌이다 백성에게 외면당한 정권이 태워 먹은 애꿎은 궁궐 이야기.

서울 종로구에 있는 창경궁 명정문과 본전인 명정전. '동궐'이라 불리는 창덕궁과 창경궁은 1592년 임진왜란 때 백성에 의해, 1623년 광해군을 내쫓은 인조반정 무리에 의해, 1624년 인조를 몰아내려는 이괄 세력과 인조에 실망한 백성에 의해 세 차례 방화됐다.

첫 방화, 1592년 4월 임진왜란

임진년 음력 4월 13일 동래에 상륙한 일본군은 거침없이 북상해 20일 만에 한성에 도착했다. 일본군 진입 전 선조는 왕비와 후궁 다섯, 아들 일곱, 딸 둘, 며느리 다섯, 사위 하나까지 모두 스물한 명과 두 형을 경복궁에 모아 놓은 상태였다.[15] 전황이 비극적으로 불리해지자 선조는 4월 30일 폭우 속에 임진강을 건너 명나라를 향해 북진했다. 모래재를 넘을 무렵 선조를 호종한 류성룡이 한성 쪽을 보니 이미 도성이 불타고 있었다.[16]

방화범은 백성이었다. 이들은 왕실 금고인 내탕고內帑庫에 들어가 보물을 다투어 가진 뒤 노비 문서를 보관한 장례원과 형조를 불태우고, 궁궐 창고를 노략하고 불을 질렀다. 경복·창경·창덕궁이 일시에 모두 타 버렸다.

재물 많기로 소문난 선조 맏아들 임해군과 병조판서 홍여순 집도 전소됐다. 한성 임시 수비대장인 유도대장留都大將이 난민 몇 사람 목을 벴지만 역부족이었다. 각종 서적과 『고려사』 초고草稿, 그때까지 보관돼 있던 『실록』과 『승정원일기』가 불구덩이에 사라졌다. 짐을 꾸리는 순간에도 "한성을 절대 버리지 않겠다"고 거짓말한 국왕에 대한 분노가 낳은 참극이었다.[17]

광해군의 허황된 토목공사

전쟁 와중인 1593년 10월, 중국 망명을 포기하고 한성으로 돌아온 선조는 남산 소나무를 베서 경복궁에 작은 전각을 지으라 명했다.[18] 다음 날 사헌부는 "굶주린 백성을 고달프게 한다"며 이를 반대했다. 선조는 바로 계획을 포기했고 1608년 죽을 때까지 월산대군의 집, 정동행궁에 살았다.

그리고 전쟁 동안 선조를 대신해 나라를 이끌었던 세자 광해가 왕위를 계승했다. 전란 위기관리는 물론, 명·청 중립외교를 포함해 광해군은 외치外治에는 능했다. 내정內政이 문제였다. 광해군은 이복동생 영창대군을 죽이고 영창대군 생모인 선조 왕비 김씨(인목왕후)를 정동행궁에 유폐시키며 권력을 강화했다. 권력 기반은 대북파였고, 대북파는 그때까지 권력 집단이었던 서인과 남인 세력을 몰아내고 권력을 누렸다.

1616년, 광해군은 권력의 상징으로 경복궁 서쪽에 인경궁과 경덕궁(경희궁), 자수궁 토목공사를 강행했다. 광해군은 풍수에 능하다고 소문났던 시문룡施文龍을 불러 이들 궁궐터를 골랐다. 시문룡은 임진왜란 때 파병됐던 병사

창덕궁 인정전. 1623년 능양군 이종이 지휘한 반군이 광해군을 축출하고 권력을 접수하는 과정에서 창덕궁은 반란군 실화로 많은 전각이 불탔다.

였다.[19] 경덕궁 터는 또 다른 이복동생 정원군이 살던 곳이었다. 광해군은 정원군이 사는 집에 왕기王氣가 서렸다며 집터를 빼앗고 그곳에 궁을 지었다. 한 해 전 광해군은 정원군 아들인 능창군 이전, 그러니까 자기 조카에게도 역모 혐의를 씌웠고 능창군은 사약을 피해 목을 매고 죽었다.[20]

명나라에 고개를 숙이지 않고, 어머니를 폐하고 동생을 죽이고, 대규모 토목공사를 강행한 조치는 모조리 반군 세력을 결집시키는 빌미가 됐다. 반군을 주도한 사람은 경덕궁 터에 살던 정원군의 맏아들이자 능창군 이전의 형, 능양군 이종이었다.

두 번째 화재, 1623년 3월 인조반정

1623년 3월 12일 집안 원수에 대해 복수를 다짐하던 능양군과 권력 탈환을 노리던 서인이 서울 인왕산 아래 창의문을 도끼로 부수고 창덕궁으로 쳐들어갔다. '義(의)' 자를 적은 천이 반군들 가슴팍에 붙어 있었다. 명을 배신하고 인륜을 저버린 패륜아를 처단한다고 했다. 며칠째 술에 취해 있던 광해군은 제대로 대처하지 못하고 궁궐을 탈출했다. 광해군은 후원 담장에 걸쳐 둔 사다리를 타고 넘어가 의관 안국신 집에 있다가 체포됐다.

광해군이 사라진 창덕궁에 반군이 뒤늦게 뛰어들었다. 이때 잘못 버린 횃불로 궁궐에 불이 붙었다. 함께 들어왔던 능양군 이종이 화재 진화를 명했다. 하지만 이미 늦었다. 본전인 인정전을 제외한 궐내 건물이 몽땅 불 속에 사라졌다. 화재 진압 후 잿더미 속에서 은 4만 냥이 튀어나왔다. 광해군이 가죽 주머니에 싸서 침실에 숨겨 둔 돈이었다.[21]

다음 날 광해군이 체포된 직후 능양군은 경운궁(옛 월산대군 집)에 유폐된 인목대비에게 가서 반정을 정식 허가받았다. 곧바로 능양군이 왕에 즉위했다. 창덕궁이 전소된 탓에 즉위식은 경운궁에서 벌어졌다.[22] 피비린내 나는 살육이 여러 날 이어졌다.

인조가 선언했다.

"부정한 재물은 내 소유가 될 수 없다. 이후 이를 경계로 삼겠다."[23]

부정한 광해 시대를 청산하고 개혁을 하겠다는 뜻이었다. 인조가 또 선언했다.

"금수禽獸의 땅이 다시 사람 세상이 되었다."[24]

권력, 권력, 오직 권력

인간다운 세상? 허언도 그런 허언이 없었다. '조정의 사대부가 하는 행위는 지난날과 다름이 없고'[25] '하는 짓이 광해군 때보다 심하고 부역이 날로 더 늘어 원망이 자자하니 역모를 꾸릴 수밖에 없다'는 말까지 나왔다.[26]

반정 세력 내부에서 논공행상에 불만을 품은 자들도 나왔다. 반정 당일 반군을 지휘해 앞장서서 궁궐로 진군한 이괄이 그랬다. 당연히 1등 공신이 되리라 생각했던 이괄은 정적 김류에 의해 2등 공신으로 격하됐다. 무장武將인 이괄은 평안 병사로 임명돼 서울을 떠났다. 평안도로 떠나던 날 인조가 칼을 채워 주고 수레바퀴를 밀어 주었다. 제대로 된 상훈도 없이 멀리 떠나는 처지를 1등 공신 신경진이 위로했다. 이괄이 말했다.

"나를 내쫓아 보내는 것이오. 영감은 속이지 마시오."[27]

'재물을 탐하지 않고 사람 살게 만들겠다'던 공약과 달리 백성은 살기 힘들고 권력은 아귀다툼에 빠진 금수의 세상이 돌아와 있었다.

세 번째 방화, 1624년 1월 이괄의 난

해가 바뀌었다. 서울에 있던 반정 세력 사이에서 '이괄의 아들 이전이 역모를 꾸민다'는 말이 나왔다. 인조는 믿지 않았다. 그런데 역모 고발이 이어졌다. 1월 21일 평안도로 감찰을 나간 조정 관리 눈앞에서 조선 팔도 최정예인 이괄 부대 1만 2,000 병력과 임진왜란 때 투항했던 베테랑 일본 병사 130명이 훈련을 하고 있었다.[28] 이괄은 찾아온 관리들에게 "아들이 죽게 생긴 판에 내가 어찌 온전하겠는가"라며 대놓고 반역을 선언했다.

사흘 뒤 이괄은 파견된 금부도사와 선전관을 죽이고 난을 일으켰다. 소식을 들은 조정은 이괄 목에 신분과 상관없이 1등 공신과 1품 품계를 내걸었다.[29] 이괄 부대는 파죽지세로 무악재(모래재)를 넘어 한성에 입성한 뒤 선조

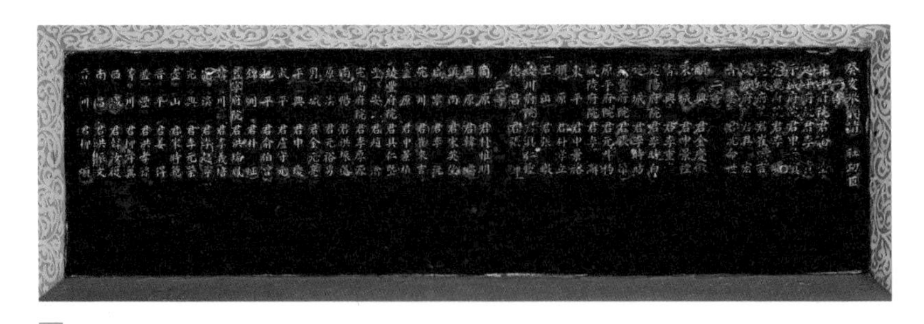

서울 청운동 창의문에 걸려 있는 계해거의(癸亥擧義) 정사공신(靖社功臣) 현판. 1623년 광해군을 몰아낸 인조반정 공신 명단이다. 당연히 1등 공신이리라 여겼던 이괄은 경쟁자들에 의해 저평가를 받아 2등 공신으로 책록됐고, 이에 대한 불만과 정적들 시기심이 융합돼 이괄은 반란을 일으켰다. 그래서 1743년 정조 명으로 만든 이 현판에는 '역적' 이괄 이름이 빠져 있다.

의 열 번째 아들 흥안군 이제를 왕으로 내세웠다.

"도성 안 사람들은 놀라 동요하지 말라, 새 임금이 즉위하였다."

그러자 반군에 동조한 군사 수천 명이 무악재에서 이들을 영접하며 길을 인도했고 관청 서리들이 의관을 갖추고 나와 맞이했다. 한성 백성은 길을 닦고 황토를 깔아 이들을 맞았다. 한성에 입성한 이괄은 경복궁 옛터에 병영을 차렸다.[30]

그사이 인조는 공주로 달아났다. 인조 일행이 한강에 이르자 강 건너에 배가 보였다. 호종 무사 우상중이 헤엄쳐 배를 끌고 오니 사람들이 왕을 앞서서 건너려고 우르르 몰려들었다. 전라 병사 이경직이 칼을 빼내 인조를 겨우 배에 태웠다. 강 한가운데에서 뒤를 돌아보니 난민亂民에 의해 불태워진 궁궐의 불꽃이 하늘에 치솟았다.[31] 창덕궁에 난입한 반군과 '나쁜 무리'들이 노략질을 하고 불을 질러 버린 것이다.[32]

죽을 뻔했던 인조가 다음 날 양재역에 도착했다. 김이라는 유생이 팥죽을 인조에게 올렸다. 팥죽을 얻어먹은 인조는 김이를 의금부도사에 임명했다.[33] 난이 평정되자 공주에서 환도한 인조는 자기 옛집 터에 광해군이 세운 경덕궁(경희궁)에 묵을 수밖에 없었다.

왜놈을 부릅시다

여기까지가 창경궁, 창덕궁 두 궁궐이 화재를 맞았던 이야기다. 그런데 괴이하기 짝이 없는 이야기가 하나 더 있다.

양재에서 팥죽을 얻어먹은 다음 날, 관리들이 인조에게 "동래 왜관에 일본인 1,000명이 있다는데, 이들을 병사로 쓰면 반군을 물리칠 수 있나이다"라고 권했다. 인조는 "즉시 청왜사請倭使를 보내라"고 명했다. 청왜사로 임명된 사람은 한강에서 백성을 물리치고 인조를 배에 태웠던 이경직이다.

이경직이 동래로 출발 직전 인조에게 물었다.

"일이 지연되면 어떡하고, 일본 본국에서 군사가 오면 어떡할까요."

인조가 답했다.

"그건 그렇다. 가지 말라."[34]

하마터면 임진왜란 종전 30년도 안 돼 일본군이 수도 한성에 진입할 뻔한 순간이었다. 나라와 백성을 하찮게 여기고 외국군을 부르는 이 행태. 망국亡國으로 가는 전형적인 패턴 아닌가. [땅의 역사]

03 고구려에서 대한민국까지… 임진강 고랑포구에 흘러간 역사

연천 고랑포에서 마주친 역사의 흔적

사진 한 장에 1,500년 역사가 담겨 있다. 옆 페이지 사진 속 강은 임진강이고 양안을 잇는 포구 이름은 고랑포다. 경기도 연천과 파주를 잇는 고랑포와 임진나루에서는 몇백 년에 한 번씩 황당한 일이 벌어졌다.

5세기 광개토왕 무렵 고구려는 포구 남동쪽 절벽에 호로고루를 건설했다. 500년 뒤 고려 경종 3년(978) 4월, 고랑포 북쪽 언덕에 신라 최후의 왕 경순왕이 묻혔다. 경주 바깥에 있는 유일한 신라왕릉이다. 또 600년이 흐른 1592년 4월 조선의 왕 하나가 고랑포구 남서쪽 임진나루에서 피란길에 올랐다. 400년이 지나고 대한민국 시대 1968년 1월 19일 중무장한 공비 떼가 얼어붙은 강을 건너 청와대로 달려간 곳도 고랑포였다.

1592년 4월 임진나루

1592년 음력 4월 화성火星이 남쪽 하늘 궁수자리를 범했다.[35] 전쟁이 터질

경기도 연천과 파주를 잇는 고랑포 나루에는 1,500년 역사가 누적돼 있다. 왼쪽에 고구려 요새 호로고루가 보인다. 고구려 군사가 건넌 이 물길을 신라 경순왕은 끝내 건너지 못했다. 조선 14대 왕 선조는 이 물길을 통해 야반도주했다. 그 길을 20세기 무장공비 떼가 건너서 서울로 달려갔다.

징조였다. 하늘은 맞았다. 임진왜란이다. 마흔 살에 접어든 사내 이연李昖은 그달 셀 수 없이 많은 보고를 받았고 많은 결재를 했다. 이연은 조선 왕조 14대 왕, 선조宣祖다. 『선조수정실록』 4월 기사를 본다. 『선조수정실록』 4월 기록은 전쟁으로 온갖 사초史草를 팽개쳐 버린 탓에 날짜가 오직 하나로 통일돼 있다. 4월 14일. 어느 일이 어느 날에 벌어진 일인지는 짐작할 수밖에 없다. 다음은 그 일부다.

'부산진 부사 정발과 송상현 전사戰死, 경상좌수사 박홍 도주, 일본군 밀양 침략, 상주에서 이일의 부대 패배, 동지중추부사 이덕형을 일본군에 사신으로 파견, 기성 부원군 유홍이 경성에서 사직과 함께 죽자고 상소, 충주에서 신입 전사, 충주 시민 참살.'

마지막 기록은 이렇다.

'가마가 모래재를 넘었다.'[36]

풍경은 임진강변 나루터로 이어진다. 폭우가 쏟아지는 암흑 속에 선조 일행이 임진나루에 도착했다. 179년 전 2월 태종이 세자와 함께 '거북선이 모의 왜선과 전투하는 훈련 상황을 구경하던'[37] 바로 그 나루터였다. 류성룡의 『징비록』에 따르면 선조 일행은 나루터 사무실인 승청丞廳을 불태워 겨우 뱃길을 찾았고, 강을 건너 동파역東坡驛에서 몸을 쉬었다.

장차관급 문관文官이 대부분인 수행원 86명 가운데 내시가 24명, 마구간지기가 6명, 심부름꾼이 2명, 허준을 비롯한 의사가 2명이었다. 이들은 굶주리고 지쳐 촌가村家에 흩어져 잤다. 강을 건너지 못한 사람이 반이 넘었다.

한 달 뒤 왕을 수행하던 사관史官 조존세, 김선여, 임취정, 박정현이 사초史草를 불태우고 도주했다.[38] 이 사초들을 토대로 만들려던 『선조실록』은 극도로 부실해졌다. 권력 무리들은 각자도생各自圖生했다. 국격國格은 무너졌다. 전쟁이 조선을 휩쓸었다.

임진나루와 화석정

임진나루 북동쪽 절벽에 화석정花石亭이 있다. 군부대에 에워싸인 이 정자를 두고 전설 같은 이야기 몇 가지가 전해진다.

화석정에는 '율곡 이이가 여덟 살에 썼다'는 〈팔세부시八歲賦詩〉가 새겨진 표석이 서 있다. 파주 출신인 율곡의 천재성을 상징하는 시다. 그런데 1934년 7월 1일 자 『동아일보』에 노산 이은상이 기고한 기행문 '적벽유赤壁遊' 마지막 편에는 이런 내용이 나온다.

'화석정에 걸린 시판을 보니 그 시는 昌寧後人 梅蓮居士(창녕후인 매련거사)의 작作임을 알겠더이다. 시詩 작자作者의 오전誤傳(잘못 전해짐)처럼 섭섭한 것은 없을 것입니다.'

학자이자 작가인 이은상은 분명히 이 적벽유 작가가 매련거사임을 목격했다. 하지만 문제의 현판은 6.25 전쟁 때 사라졌으니 진위를 알 길은 막막하다.

민간에 전하기로는 율곡 이이가 생전에 선조 피란길을 예견하고 기름을 먹여 둔 화석정에 불을 질렀다고 한다. 하지만 화석정과 임진나루는 거리가 600미터가 넘는다. 악천후 속에 불길을 보기에는 너무 멀다. 확실한 기록 또한 없다. 영조 때 채제공이 지은 『번암집樊巖集』에는 선조를 수행한 이광정이라는 문신의 노비 애남愛男이 나루 양안 갈대숲에 불을 질렀다고 기록돼 있다.[39] 채제공은 이광정의 외손이다.

고랑포, 고구려

한반도 중간지대 동쪽은 산악이다. 서쪽 평야를 남과 북으로 가르는 강은 임진강이다. 임진강에서 가장 폭이 좁고 수심이 얕은 곳이 바로 임진나루와 고랑포다. 한양에서 평안도 의주까지 조선시대 의주대로는 임진나루를 지났다.

삼국시대 신라와 고구려 국경은 고랑포에서 결정됐다. 고구려가 평양에서 신라로 가는 최단 코스가 개성~장단~고랑포였다. 임진강을 쟁취한 고구려는 강변에 요새를 쌓았다. 이름은 호로루瓠蘆壘다. 임진강 옛 이름 호로강瓠蘆江에서 따왔다. 지금은 호로고루瓠蘆古壘라고 부른다. 임진강 유역을 정복한 고구려는 강변 산중에 산성을 쌓았다. 스무 군데가 넘는다.

신라가 고구려를 멸망시키면서 임진강변도 신라 땅이 됐다. 호로고루 고구려 유적층 위로 신라 유적층이 발굴됐다. 고구려 산성 또한 신라, 고려, 조선시대에도 재활용됐다. 적敵의 요새지만, 재활용하지 않을 이유가 없었으니까. 실용적인 군사적 기준으로는 당연히 그러하다.

고랑포, 그리고 경순왕릉

그리고 신라가 망했다. 왕건에게 투항한 마지막 왕 경순왕은 왕건의 사위

경순왕릉 비석. 총탄 자국이 선명하다.

가 되었다. 경순왕은 고려 수도 개경에서 왕건보다 35년을 더 살다가 평온하게 눈을 감았다. 조상들이 묻힌 망국 수도 경주로 향하던 그의 관은 고랑포를 건너지 못했다. 전하기로는 신라 유민遺民들의 봉기를 우려한 고려 왕실이 '왕의 무덤은 수도에서 100리 밖에 두지 못한다'고 반대했다고 한다. 경순왕은 결국 고랑포를 코앞에 두고 북쪽 언덕에 묻혔다.

오랜 세월 잊혔던 왕릉은 1746년 10월 경주 김씨 후손들이 '金傅大王(김부대왕: 경순왕의 이름)'이 적힌 묘지석과 '敬順王(경순왕)'이 적힌 비석을 발견

충남 예산군 덕산면 상가리에 있는 남연군묘. 가야산 자락이 날개처럼 무덤자리(가운데)를 에워싸고 있다. 흥선대원군이 자기 선친 남연군을 연천에서 이장한 자리다.

하고 왕명을 받들면서 정비됐다.[40] 때는 조선 후기 영조시대였다. 집안은 물론 왕실까지 족보를 정비하고 뿌리를 찾아 문중 명예를 올리겠다는 열풍이 불던 때였다.

그리고 6.25 전쟁 와중에 흔적 없이 사라졌던 왕릉은 대한민국 시대인 1973년 1월 민통선 수색중대장 대위 여길도가 총탄 자국 선명한 '신라 경순왕지릉' 비석을 풀더미 속에서 찾아내 환생했다. 여길도는 이듬해 경주 김씨 종친회로부터 감사패를 받았다.

고랑포 그리고 무장공비 김신조

고랑포가 가진 군사학적 위치는 20세기에 또 한 번 재활용됐다. 바로 "대통령 박정희 목을 따겠다"며 남파된 김신조 부대다. 1968년 1월 19일 평양에서 남파된 특수부대가 얼어붙은 고랑포를 건넜다. 원래는 선조가 건넜던 동파리와 초평도 사이 물길로 들어오려고 했지만, 하필 밀물 때라 물길이 너무 거셌다. 그래서 그 옛날 고구려 군사의 남하 루트가 고스란히 재연된 것이다. 연천에서 파주로 진입한 공비들은 법원리 초리골을 지나 서울 삼청동을 거쳐 초인적인 스피드로 진군하다가 일망타진됐다. 김신조에 따르면 "훈련 내려와서 문산 술집에 외상을 그어 놓고 돌아가면 고정간첩이 외상값을 갚았다." 이미 대한민국에 이들과 내통하던 세력이 있었다는 뜻이다.

기관단총 31정, 실탄 9,300발, 권총 31정, 대전차 수류탄 252발과 방어용 수류탄 252발, 단검 31정으로 중무장한 특수부대 부대장 진술에 세상이 식겁했다. 평화로워야 마땅할 임진강변에 철책이 늘어났다. 그 도화선이 바로 고랑포다.

연천 강서리에 있는 미수 허목의 무덤. 비석엔 생전에 허목이 써 둔 문장이 새겨져 있다.

고랑포와 두 허씨(許氏) 허목과 허준

고랑포와 임진나루를 건너면 파주 진동면이 나온다. 민통선 이북 지역이다. 임진나루 건너 동파리를 잊지 못하던 실향민들은 이러구러 노력 끝에 2003년 동파리에 해마루촌이라는 정착 마을을 만들었다. 미리 연락하면 관광객도 받는 개방된 체험 마을이다. 아름답던 동파리 백사장은 1990년대 일산 신도시 건설 때 다 파내서 사라졌다.

1993년, 미국 사는 고문서 연구가 이양재가 이곳 하포리 언덕에서 비석 조각 몇 점을 찾아냈다. 후손들의 의뢰로 시작한 조사에서 '陽平(양평)', '聖功臣(성공신)', '浚(준)'이라는 여섯 글자가 새겨진 파편이 나왔다. 전쟁 때 선조 임금을 잘 수행했다는 '호성공신扈聖功臣', 의관 허준 묘였다.

연천에는 양천 허씨 집성촌이 있다. 조선 후기 집권 여당인 노론의 정신적 리더 우암 송시열에 맞섰던 남인 정치가 미수眉叟 허목許穆(1595~1682)이 이 곳 강서면에 잠들어 있다. 생전에 자기 무덤에 쓸 비석 비문을 미리 써 둔 호탕한 사내였다.

동방 제일이었다는 그의 전서체篆書體는 귀기鬼氣가 느껴질 정도로 신비하다. 오죽하면 '허목의 글씨는 광서괴행狂書怪行이니 금지시켜야 한다'는 시비까지 나왔을까.[41] 허목은 '산 밖의 일 아랑곳 없다(不知山外事·부지산외사)'며 눈 하나 꿈쩍하지 않았다.[42]

글씨체 하나에도 당쟁이 얽혀 있는 이 허목에 관해 임진강변에 떠도는 설화 하나에 귀를 기울여 본다.

정적政敵 송시열이 불치병에 걸렸을 때다. 백약이 무효라 결국 송시열은 아들을 시켜 의술에 정통한 허목에게 처방을 받아오게 했다. '독약을 줄 것'이라는 우려에도 막무가내였다. 결국 아들이 가서 약방문을 받아오니 과연 독극물인 비상砒霜이 있었다. 의심과 효심 가득한 아들이 비상 양을 줄여 약을 지으니, 차도는 있으나 완쾌가 되지 않았다. 며칠 뒤 아들이 허목을 찾아가니 처방대로 비상을 다 쓰라고 답하는 것이었고, 결국 송시열은 그대로 완쾌되었다.

하지만 이런 야사와 달리 실제로 비상을 두고 서로 기대거나 의지했던 사람은 송시열이 아닌 허목과 김석주였다. 서인인 김석주에게 이질에 걸린 허목이 처방을 구했는데, 비상임을 알게 된 허목의 아들이 처방의 3분의 1만 아비에게 먹인 탓에 허목은 병이 낫지 못해 죽었다. 정적인 김석주는 그 죽음을 안타까워했다는 이야기가 기록으로 전한다. 그런데 또 이런 에피소드는 일찌감치 서기 3세기 중국 진나라 장수 양호가 병이 났을 때 적국 오나라 장수 육항

이 보내 준 약으로 나았다는 고사를 베낀 혐의가 짙긴 하다.[43]

어찌 됐건 앞뒤 재지 않고 싸우는 적 관계에도 싸움터를 벗어나면 법도가 있었다고 믿는다. 자, 다시 임진강을 보니 천년 고성이 봄 햇살에 빛나는 것이었다. 천년 세월 강심江心을 무법無法으로 훑고 지나간 역사가 반짝이는 것이었다. 땅의 역사

04 남양만 격랑 위로 태양은 빛나고…

화성 남양만에서 목격한 우리네 인생들

경기도 화성 궁평리와 매향리 사이에 있는 바다를 남양만이라고 부른다. 원래는 굉장히 넓었는데 세월에 걸친 간척사업 끝에 상당 부분 땅으로 변했다. 그래서 남양만에 있던 가장 큰 포구 마산포는 뭍이 되었다. 마산포 앞 어섬(魚島·어도) 또한 언덕으로 변했고, 어도 마을 앞에는 어도 버스 종점 이정표가 서 있다. 땅이 채 되지 못한 물은 화성호와 시화호라고 한다. 땅으로 변한 바다, 남양만 위로 찬란하게 빛나는 태양 이야기.

흥선대원군 납치되던 날

1882년 7월, 고종 아버지 흥선대원군 이하응이 청군에 의해 끌려갔다. 그를 태운 청 북양함대 군함이 출발한 곳은 남양만 마산포였다. 혐의는 '난亂의 괴수'였다.[44] 마산포 주민 최만진은 이렇게 추억한다.

"대원군이 우리 할아버지 집에 하루를 묵고 갔다."

경기도 화성 남양만은 한국 근대사 굴곡이 담긴 바다다. 1882년 임오군란 때 이곳 마산포에서 흥선대원군이 청나라로 압송됐다. 마산포 앞바다 또한 뭍이 됐다. 6.25 전쟁 때 여기 매향리에 설치됐던 미군 폭격 훈련장은 21세기에 사라졌다. 사진 속 두 '점'은 폭격으로 형체를 잃은 농섬과 윗섬이다. 그사이에 이러구러 한 사연을 거쳐 바다는 대부분 땅이 되었다. 죽음의 땅이 될 뻔했던 시화호와 화성호는 이제 회복 중이다. 그 땅, 한때 바다였던 땅에 태양이 찬란하다.

마산포에는 다 쓰러져 가는 집이 한 채 있는데, 바로 경주 최씨 종택이다. "진陣터에 어르신을 재울 수 없어서 우리 집에 모신 걸로 안다."

청나라 참모 마건충이 기록한 『동행삼록』에는 마산포 숙박 여부가 기록돼 있지 않으니, 거인의 발자국은 옛사람 기억 속에나 남았는지도 모른다.

대원군을 태운 배는 청나라 북양함대 소속 1,258톤짜리 등영주登瀛洲호였다. 그 군함이 정박할 정도로 마산포는 큰 항구였다. 갓 개항한 제물포와 달리 삼국시대부터 대륙과 교역하던 무역항이었다. 그런데 지금 마산포는 작은 배 한 척 드나들지 못하는, 땅이다.

황금을 캐던 마산포 그리고 어섬

일흔을 넘긴 이종천은 어섬 토박이다. 어섬은 말 그대로 물고기가 널린 섬이다. 마산포와 어섬 사이에 바다가 있었다. 물 빠진 갯벌에는 조개와 굴이, 물이 든 바다에는 물고기가 널렸다. 파시波市가 열리면 남양만을 에워싼 온 바다의 섬에서 배들이 몰려와 부두를 메웠다. "장관이었다"라며 이종천이 말을 더했다.

"인근 사강에서 장이 열리면 우시장에 가는 소들이 선착장에 우글거렸고, 소몰이꾼들도 그만큼 많았다. 어섬은 정말 부자였는데…."

'였는데'라는 말꼬리가 조금 서럽다. 파시가 문을 닫고 밤이 되면 부두에서는 화투판이 벌어졌다. 판돈을 잃은 사람은 담배 한 대 꼬나물고서 갯벌로 갔다. 그물을 걷으면 물고기가, 갯벌에 호미를 집어넣으면 조개가 튀어나왔다.

물 위에 떠 있는 버스 종점 이정표, 섬이었던 어도.

잃은 판돈은 그걸로 회수하던, 그 시절에 대한 미련이 말꼬리에 묻어 있다.

그 바다가 지금 사라졌다. 남양반도 북쪽에는 시화방조제가, 남쪽 남양만에는 화옹방조제가 건설되면서 바다가 땅으로 변한 것이다. 부두를 채웠던 배들도 사라졌다. 배들이 떠나온 터미섬과 선감도, 불도, 탄도, 작은딱섬, 쌀섬, 외지섬, 쪽박섬, 할미섬, 형도, 우음도도 사라지고 산이라 부르기도 민망한 언덕과 야산으로 변했다. 주민들이 애써 만들었던 어섬과 마산포 사이 세월교 개미다리는 시멘트 포장도로로 바뀌었고, 그 끝에 어섬 버스 종점 이정표가 서 있다. '뽕나무밭이 푸른 바다로 변했다'라는 뜻의 '상전벽해桑田碧海'가 완전히 거꾸로 된 엄청난 일이 남양만에 벌어졌다.

사라진 섬, 농섬

남양만 남쪽 매향리 앞바다의 농섬은 또 다른 이유로 사라졌다. 매향리와 궁평항을 잇는 화옹방조제로 남양만은 화성호로 변했다. 숲이 우거졌다는 뜻으로 '짙을 농濃' 자를 쓴 농섬은, 방조제 바깥에 있었는데 지금은 없다. 정확하게는, 밑동만 남았다.

6.25 전쟁이 한창이던 1951년, 유엔군 일원으로 참전한 미 공군은 이곳 매향리를 폭격 훈련장으로 사용했다. 훈련장 이름은 쿠니 사격장Kooni Range이다. '쿠니'는 매향리 옛 이름 '고온리'에서 따왔다. 대한민국을 지키기 위해 낯선 외국에서 온 전사들이 쿠니 사격장에서 폭격을 훈련했다. 토착 주민은 물론 북에서 내려온 피난민까지, 조개와 굴을 주우며 살던 사람들에게 희생이 강요됐다.

전투기들은 하루에도 수백 번씩 마을 상공을 선회하다가 순서에 맞춰 기

남양만 매향리에 있던 쿠니 사격장의 흔적. 분단 현실 속에서 50년 동안 주민들 생존권을 위협했던 폭격 훈련은 종료됐다.

총사격과 포탄 투하 훈련을 했다. 기총사격은 마을 앞 논과 밭, 폭격은 앞바다 농섬과 윗섬, 구비섬이 타깃이었다. 50년 사이에 구비섬은 완전히 사라졌고 윗섬과 농섬은 뼈만 남았다.

그 마을에 전만규가 살았다. 그 또한 이제 곧 일흔이다. 그가 말했다.

"아기를 낳을 여자들에게는 신생아 귀를 막을 탈지면을 선물했다. 오일장이 서면 사람들은 괘종시계를 들고 장터에 갔다. 벽에 건 시계들이 다 떨어져 고장 나서."

주민들은 난폭해졌고, 강력범죄와 자살이 잇달았다. 오폭과 불발탄 사고로 많은 이가 죽었다. 견디지 못한 전만규가 중동으로 돈 벌러 갔다가 돌아와 보니 아버지도 목숨을 버린 뒤였다. 1980년이다.

1988년 민주화 열기가 폭발하면서 매향리 주민들도 생존권 투쟁을 시작했다. 주민에게는 목숨이 걸린 일이었고 반미 운동권에게는 기회도 이런 기회가 없었다. 2000년 미군 전투기가 추락하고 한미군사협정 개정이 이슈가 되면서 대한민국 사회는 매향리 문제를 '생존권'을 둘러싼 갈등으로 바라보게 되었다. 그리하여 2005년 마침내 쿠니 사격장은 폐쇄됐다. 사격장은 군산 앞바다 무인도 직도로 옮겨 갔다. 미군은 '이로써 한반도에 A 클래스 사격장은 전무하다'고 미 의회에 보고했다.[45]

사격장 부지는 생태공원으로 변신했다. 절기節氣 대신 훈련 여부를 알리는 미군 황색 깃발을 보고 밭과 갯벌에 들어가야 했던 매향리 농부와 어부들은 절기를 되찾았다. 다 부서진 농섬에는 풀씨들이 날아오고 새들이 날아왔다. 사격장에 있던 미군 부대 건물들은 경기도 우수건축자산으로 등록됐다. 미군이 함께 만들었던 매향리교회 건물은 예술가들의 스튜디오로 변했다. 필요했으되 서글프고 아팠던 옛 기억이 역사로 남았다. 삶이 돌아오는 중이다.

한때 죽었던, 부활한 호수들

젊은 매향리 사내 전만규가 탈출구로 삼았던 중동 특수는 기이하게도 1995년 여름 시화호를 '단 한 마리, 단 한 포기의 생명체도 발견되지 않는' 4,000만 평짜리 무생물대無生物帶로 만들어 버렸다. 1987년 중동 건설 특수 소멸과 함께 남아돌게 된 중장비와 인력으로 대규모 간척사업을 시작한 것이다.

경기도 시흥 오이도와 화성 대부도 사이를 가로막는 방조제 공사는 1994년에 끝이 났다. 공업단지 부지와 농경지를 확보하겠다는 계획은 엉터리임이 공사 도중에 드러났다. 물이 나갈 길을 전혀 생각하지 않은, 헛되고 기이한 공사였다. 막힌 하천 물은 썩었고 갯벌도 썩었고 땅도 썩어 버렸다.

그 꼬락서니를 이제 일흔을 눈앞에 둔 당시 젊은 사내 최종인이 보았다. 누구는 그를 개발 방해자라 불렀고 누구는 그를 시화호 지킴이라 불렀다. 시화호 옆 안산에 살던 최종인은 틈만 나면 사진과 글로 실상을 고발했다. 결국 1997년 4월 정부는 방조제 통문을 열어 바닷물을 유입시켰다.

전문가들이 30년 걸린다고 봤던 생태계 부활은, 최종인의 예언대로 10년 만에 이뤄졌다. 물고기와 조개는 물론 황새와 고라니와 삵이 갈대밭에 숨어 들었다. 반세기도 되지 않는 시간 동안 이만큼 격변한 바다와 땅도 보기 쉽지 않을 터이다.

남양만을 막아 만든 화성호는 시화호 전철을 밟지 않았다. 통문을 수시로 열어 바다와 소통한 덕에 화성호 또한 새들 천지가 된 것이다. 시베리아에서 날아온 도요새 무리들은 이 화성호를 휴게소처럼 이용하고 호주로 날아간다. 화성호 옆 광활한 땅은 지금 군용 공항이 노리는 중이라 언제 또 무슨 일이 터질지 모를 일이다.

'인류가 떠돌이 생활을 할 때는 땅에 미치는 영향이 그다지 크지 않았다. 일단 인류가 정착하자 그 땅은 아수라장으로 변했다.'[46]

사람이, 인류가 있고 땅이 있는 것이다. 하지만 땅이 있어야 인류가 정착하며 삶을 영위한다. 도덕이 해결할 수 없는 이 난해한 문제.

그 남양만으로 잠시 내가 틈입했다. 140년 전 중국으로 끌려가던 한 사내의 뒷모습, 담배 피우며 갯벌로 나가던 남정네의 등짝, 영문도 모르게 난폭해

부활한 죽음의 땅, 시화호 습지를 찾은 황새.

져 버린 자신을 혐오하며 중동으로 떠났던 생존 투쟁가의 고함과 수평선 위로 간신히 존재하는 섬나라의 파편까지. 남양만에 강림한 태양 빛은 그 역사를 고루 비췄다. [땅의 역사]

05 양산 '세계인 환영비'와 복잡한 사랑

모두 허망하였네라

100여 년 전인 1923년, 권순도라는 사내는 궁벽한 자기 고향에 비석을 세웠다. 비석에는 '세계인을 환영한다'고 새겨져 있다. 이보다 16년 전인 1907년 권순도는 면암 최익현이 대마도에서 죽었을 때 그를 슬퍼하는 글을 썼다. 최익현은 나라 문을 열면 나라가 망한다는 위정척사파의 거물이다. 그런데 권순도는 1897년 영국 여자와 금지된 사랑을 하다가 들켜 총에 맞아 죽을 뻔한 사내이기도 하다. 세상 어지러웠던 100년 전, 짐작하기 쉽지 않은 권순도의 삶과 흔적들.

양산 대석마을 '세계인 환영비'

경남 양산에는 통도사가 있다. 대한민국 대표 사찰이다. 석가모니 진신사리를 모신 사찰이다. 보물과 국보가 가득하고 불교 신도와 관광객이 끝이 없다.

경남 양산 대석마을 입구에 있는 세계인 환영비. 대정 12년(1923)에 권순도라는 사람이 세웠다. 마을 뒤 홍룡폭포 관광객 유치를 위한 비석이다.

양산의 대표적인 사찰, 통도사.

양산에는 천성산千聖山도 있다. 꼭대기에는 너른 벌판이 있는데 원효가 당나라 승려 1,000명을 데려와 야단법석을 떨고 이들을 성불시켰다는 산이다. 그 아래 숱한 사찰 가운데 상북면에 홍룡사虹龍寺라는 절이 있다.

이 땅의 웬만한 절 치고 원효와의 인연을 주장하지 않는 절은 드물다. 홍룡사 또한 원효가 저 1천의 승려에게 화엄경을 설하며 지었다는 전설이 남아 있다. 2004년 도룡뇽을 보호해야 한다며 도로공사를 중단하라고 난리가 났던 산이 홍룡사가 있는 천성산이다. 우여곡절 끝에 도로공사는 진행됐고 예정대로 천성산에 터널이 뚫렸다. 도룡뇽은 사라지지 않았다. 그 터널 이름은 원효터널이다.

홍룡사 대웅전에서 절벽 옆으로 난 계단을 올라가면 계곡 끝에 폭포가 나온다. 폭포 이름은 홍룡폭포다. 원효가 처음 이 절을 지었을 때 이름은 물이 떨어지는 낙수사落水寺였다. 사찰명이 먼저인지 폭포가 먼저인지 모르겠지만 폭포는 아름답다. 양산이 자랑하는 대표적인 관광지다.

홍룡사 아랫마을 이름은 대석리다. 대석마을은 개발과 거리가 먼 전형적인 농촌 마을이다. 담벼락 곳곳에는 벽화가 그려져 있다. 마을 입구에 오래된 듯한 화강암 비석이 있다. 잘 쓴 붉은 한문으로 이렇게 새겨져 있다.

'世界人歡迎碑(세계인 환영비)'

옆면에는 '名勝虹龍瀑布(명승 홍룡폭포)'라고 새겨져 있다. 마을을 찾는 관광객들 보라고 만든 비석이다. 그런데 표현도 낡았고 비석도 낡았다. 뒷면에는 이렇게 새겨져 있다.

'創立人 權順度(창립인 권순도)'

누군가가 일부러 쪼아 낸 글씨 몇 자가 그 여섯 글자 옆에 희미하게 보인다. 이렇게 적혀 있다.

'大正十二年癸亥二月記(대정 12년 계해 2월기)'

일본 연호인 '다이쇼' 12년이다. 1923년이다. 자그마치 100년 전 어느 겨울날 권순도라는 사람이 세운 비석이다. 21세기인 지금도 막막한 산촌인데, 권순도라는 인물은 '세계'라는 단어조차 생경했을 이 벽촌에 이런 비석을 세웠다. 세계에서 홍룡폭포를 찾아온 사람들을 환영한다고.

일본 연호는 알아보지 못하게 누군가 쪼아 놓았다. 권순도는 젊을 때 영국 여자와 사랑을 했고, 위정척사파 최익현을 흠모했으며, 식민시대에 사업으로 성공한 사람이었다.

양산 남자 권순도, 영국 여자 리즈 헌트

권순도는 이 대석마을 출신이다. 나고 죽은 시기는 명확하지 않으나 1870년대에 태어나 식민시대 후반기까지 활동했던 사람이다. 1937년 6월 21일자 『조선총독부 관보』에는 권순도가 이곳 양산 상북공립보통학교 건축비로 2,000원을 기부해 포상을 받았다고 나와 있다.

젊은 날 권순도는 상북면 대석마을에서 태어나 부산에서 일했다. 부산에서 취직한 곳은 지금 세관에 해당하는 부산해관海關이다. '관세' 개념 자체가 처음 들어온 때여서, 1876년 '조일수호조약' 이후 조선은 해관장을 외국인에게 맡겼다. 1888년 부산해관장에 조선 총부해관장인 영국인 조나산 헌트J. Hunt가 부임했다. 한문 이름은 하문덕何文德이다. 헌트에게는 아내와 딸이 있었는데 딸 이름은 리즈Leeds였다.

헌트 가족은 지금 부산 중구 동광로에 있던 해관장 관사에 살았다. 그 관사에 양산 청년 권순도가 잡일꾼으로 일했다. 정원 나무도 다듬고 조선어 문서도 만들었다. 그리고 해관장 딸 리즈와 눈이 맞아 사랑에 빠졌다. 그러다 리즈가 임신했다. 허드렛일하는 조선인과 그 아이를 가진 딸 소식에 아버지 헌트는 총으로 그들을 위협할 정도로 눈이 뒤집혔다. 둘은 달아났다. 달아난 곳이 권순도가 태어난 양산 대석마을이다. 결국 권순도는 체포돼 동래감리서에 구금됐고 아버지 헌트는 저항하는 딸을 데리고 청나라 홍콩으로 건너가 버렸다. 사랑은 거기서 끝났다.

위정척사와 세계인환영비

풀려난 권순도는 부산해관 근처 부항본정釜港本町에 '권순도 상회'를 차렸고, 양포를 팔아 많은 돈을 벌었다. 그는 그렇게 번 돈으로 식민시대 내내 교육사업을 벌였다. 고향 양산에 학교가 설립되면 꼬박꼬박 설립기금을 내기도 했다. 『황성신문』, 『대한매일신보』, 『매일신보』는 물론 『조선총독부 관보』에도 그가 교육사업에 돈을 냈다는 기록이 남아 있다. 1907년 범조선적으로 벌어진 국채보상운동 모금에도 그 이름이 보인다. 1913년에는 세금을 체불한 빈민들 세금을 대납해 '양산의 두 위인'이라는 제목으로 보도되기도 했다.[47]

1907년 1월 5일 면암 최익현 유해가 부산으로 돌아왔다. 나라 문을 열면 안 된다는 위정척사파 태두 최익현은 1906년 의병 거병 혐의로 체포돼 대마도로 유배됐다가 그곳에서 병사했다. 부산항에 닿은 그 관 앞에서 누군가가 외쳤다.

"이 배는 대한의 배요, 이 땅은 대한의 땅이오!"

이렇게 외치며 그를 맞은 사람이 바로 우리의 주인공 권순도다.[48] 그리고 권순도는 고향 대석마을 개울가 바위에 그의 '위정척사' 정신을 기리는 글을 새겼다. 한때 영국 여자와 사랑을 불태웠던 사내가 위정척사파를 흠모하는 사람으로 대변신했다.

나라가 망하고 30대 위정척사파 청년은 성공한 사업가가 되었다. 그리고 1923년 총독부가 관광진흥정책을 실시하면서 각 지역 명승지 개발이 본격 시

홍룡폭포 가는 길목 개울가에 권순도가 새긴 최익현 추모 글. '春秋大義 日月高(춘추대의 일월고) 면암 최선생'이라고 새겨져 있다.

작됐고[49] 성공한 사업가 권순도는 고향 대석마을에 '세계인 환영비'를 세웠다.

끝나지 않은 사랑

그런데 권순도가 거둬들이지 못한 사랑의 불씨가 다른 곳에서 타올랐다. 1893년 어느 날, 홍콩으로 떠난 해관장 헌트 사택에 미국 북장로회 선교사 어빈Irvin 부부가 들어왔다. 어을빈魚乙彬이라는 한국 이름으로 왕성하게 활동하던 어빈은 자기 병원에 고용했던 간호사 양유식과 사랑에 빠져 버렸다. 불륜이 소문나면서 어빈 부부는 이혼했고, 어빈은 선교사직을 관뒀다. 아내는 본국으로 돌아가 버렸지만 어빈은 해관장 관사에 병원을 차려 양유식과 함께 살았다. 어빈이 처방한 '만병 정수', '금계랍', '보재 약정' 따위 신약이 날개 돋친 듯 팔려 나갔다.

이후 폐병에 걸린 양유식은 어빈과 별거하며 요양에 들어갔다. 그러던 중 집이자 병원인 옛 해관장 관사에 불이 났다. 방화의 범인은 요시하시 타케오吉橋武夫라는 일본인이었다. 알 수 없는 인연으로 양유식은 이 요시하시와 사랑에 빠져 버렸지만[50], 병의 악화로 죽음을 맞아야 했다. 남편 어빈은 그녀가 묻힌 무덤에 매일 꽃을 바치며 사랑을 저버리지 않았다. 세월이 흘러 사랑도 불륜도 죽음도 모두 망각됐다. 양유식 동생 양성봉은 어빈이 만든 제약회사에서 일하다가 1935년 어빈이 죽은 뒤 경영자가 되었다. 양성봉은 훗날 대한민국 농림부장관을 지냈다.

이 모든 인연이 시작된 곳이 양산 대석마을이다. 마을 입구 세계인 환영비에 그 격동이 새겨져 있다. 그 개인사에 험악했던 이 땅 역사가 함께 묻혀 있다. 땅의 역사

06 "명월아, 세월이 어찌 이리 덧없더냐"

대한제국 백 선생 안순환과 광화문 요리점 명월관

안순환이 만든 서울 인사동 태화관 자리에 있는 태화빌딩과 3.1절 기념 조형물. 대한제국 전환국 기수였던 안순환은 현 동아일보 사옥 자리에 조선 최초 요리점 명월관을 개점하고 이곳 인사동에 분점인 태화관을 열었다. 1919년 3월 1일 태화관에서 민족대표들이 '독립선언서'를 낭독했다. 명월관 본점은 두 달 뒤 화재로 전소됐다.

서울 한복판에 있는 일민미술관은 옛 동아일보 사옥이다. 1926년에 신축된 서울시 유형문화재다. 동아일보가 들어서기 전, 이 자리에는 요리점이 있었다. 요리점 이름은 '명월관'. 흔히 '기생' 하면 떠오르는 이름이 이 명월이다. 예술을 파는 기생, 몸을 파는 기생 등을 구분 없이 모두 명월이라고 불렀다. 명월관은 기미년 만세운동, 민족대표 사연과도 직결되는 식당이기도 하다.

21세기 대한민국 외식산업계는 물론 TV를 휩쓸고 다니는 사람이 있다. '백 선생' 백종원이다. 프랜차이즈 외식사업가로 성공해 TV 예능프로그램에 얼굴을 비추더니 국정감사 참고인으로 소환될 정도로 영향력 있는 인물이 되었다. 집안 사업인 교육사업에, 외식사업, 방송 활동과 지역경제 컨설팅까지. 보기 드문 캐릭터다.

100년 전 대한제국과 식민 조선에서 백종원과 비슷한 인생을 산 사람이 있다. 조선 최초 요리점 명월관을 운영하는가 하면 그 성과로 대한제국 마지막 황실 요리장으로 활동하고 이후 서울 곳곳에 음식점을 열어 대성공을 거뒀다. 음식점 가운데 한 곳은 민족대표들이 '독립선언서'를 읽은 곳이다. 번 돈으로 서예가를 후원해 작품을 남겼고 성리학 서원을 설립하기도 했다. 100년 전 백 선생, 안순환과 명월관 이야기.

기생 명월이와 국과수

2010년 6월 14일 국립과학수사연구소에 보관돼 있던 인체 표본 하나가 폐기됐다. 그해 초 한 시민단체가 "보관된 표본은 일제 때 활동했던 기생 명월이 몸 일부"라며 "장례를 치를 수 있도록 민간에 반환하라"고 소송을 냈다. 표본을 확인한 법원은 "표본을 적법 절차에 따라 처리하라"고 권고했고, 검찰은

일본 나가노현 마쓰모토 시립미술관에 있는 기생 홍련 그림. 이중섭 스승인 이시이 하쿠테이 작품이다. 서울 광화문에 있던 요리점 명월관 단골인 이시이가 즐겨 찾던 홍련이 모델로 추정된다. [마쓰모토 시립미술관]

이를 이행했다.

그해 4월 시사잡지사 시사저널이 소송을 냈던 시민단체와 동행해 일본 나가노현 마쓰모토松本 시립미술관에서 '홍련紅蓮'이라는 기생을 그린 그림을 확인했다. 화가는 조선 화가 이중섭 스승으로 알려진 이시이 하쿠테이石井柏亭다. 이시이는 조선에 체류하던 당시 홍련과 친했다고 알려졌다.[51] '국과수 명월이'와 '기생 홍련' 이야기는 당시 엽기적인 반일 감정 발화에 크게 일조했다.

조선 요리점 명월관과 안순환

실존 인물이라는 기생 홍련은 광화문에 있던 조선 요리점 명월관 출신이다. 화가 이시이는 조선에 올 때면 즐겨 명월관을 찾았다. 외식 문화가 갓 시작된 조선에서 명월관은 방한 외국인이라면 빼놓지 않고 들르는 식당이었다. 명월관은 조선에서 처음으로 문을 연 외식 식당이었다. 1903년 9월 17일에 문을 열었고, 주인은 안순환이었다. 이 내용을 밝혀낸 사람은 강무라는 서예가다. 강무는 2009년 『한글+한자문화』 1월호에 기고한 칼럼 '명월관(明月館)(26)'에서 『대한매일신보』 기사를 인용해 개업 날짜를 밝혀냈다.

'그간 날짜도 없이 막연하게 1909년 설로 전해 왔던 것을 이제 1903년 9월 17일임을 정확히 알았다.'[52]

1871년에 태어난 안순환은 가난하게 살았다. 1891년 서화를 사고파는 화상으로 첫 사업을 시작했는데, 1894년 동학 전쟁 와중에 번 돈을 다 잃었다.[53] 관립영어학교와 무관학교를 다녔던 안순환은 1898년 동전을 찍어 내는 전환국 건축감독으로 취직했다.

그런데 1901년 12월 6일 『대한제국 관보』 2063호에는 이런 공고가 보인다.

'전환국 기수 안순환은 불성실하므로 면직함.'

그런데 이듬해 4월 29일 자 관보 2186호에는 '추후 사정을 조사해 보니 용서할 수준이므로 징계를 철회함'이라고 적혀 있다. 이유는 알 수 없지만 근무 태도가 불성실해 안순환은 정부로부터 해직당했고 이에 이의를 제기해 5개월 뒤 복직했다는 뜻이다.

그런데 그가 1903년에 한 일이 있다. '조선 요리옥朝鮮料理屋' 개점이다. 1908년 9월 18일 자 『대한매일신보』는 2면에 '명월관 기념'이라는 제목으로 '작일(어제)은 명월관을 설시하던 제5회 기념인 고로 국기를 달고 기념식을 시행하였다더라'라고 보도했다. 즉 5년 전인 1903년 9일 17일 '명월관'이라는 요리점이 문을 열었다는 기사다.

명월관 주인인 안순환이 전환국 기수 면직 징계를 받을 정도로 시간을 투자해 구상했던 사업이 바로 이 요리점이었다. 훗날 안순환이 회고한다.

"요리점과 병원과 공원을 한두 번 본 후라야 그 나라 진중함이 어느 정도에 이른 것을 알지니, 우리가 요리점이 없는 수치羞恥를 면코자 관민상하官民上下 없이 즐길 요리점을 만든 지 근 30년이다."[54]

이미 1880년대 조선에 진출한 일본식 요리점에 맞설 조선식 요리점을 차렸다는 뜻이다.

서울 광화문 일민미술관 자리에 있는 공터에 개업한 명월관은 순식간에 장안 최고 명소로 성장했다. 1907년 대한제국 궁내부가 폐지되면서 황실에 소속됐던 요리사와 기생들을 고용해 오늘날 '한정식'이라 불리는 조선 요리를 개발해 냈다. 안순환은 명월관을 서울 사는 권력자는 물론 시골 부자들도 돈만 있으면 요리와 가무, 심지어 성욕까지 채울 수 있는 곳으로 키웠다. 그 호사스러운 식당을 두고 '궁흉극악 송병준은 명월관주 안순환의 각색 요리 얻어먹고'[55] 같은 비아냥 창가도 등장했다.

최초의 조선 요리점 운영자 안순환. [규장각한국학연구원]

명월관이 명성을 떨치자 안순환은 1908년 대한제국 전선사典膳司 장선掌膳으로 임명됐다.[56] 전선사는 궁중 음식 담당 부서고 장선은 그 책임자다. 품계는 정6품이다. 1909년 1월 순종이 이토 히로부미와 함께 조선 순행에 나섰을 때 안순환은 담당 요리관으로 임명됐다. 1910년 8월 19일 안순환은 정3품 당상관으로 품계가 세 계단 올라갔다.[57]

전환국 9품으로 관직을 시작했던 성공한 사업가가 근무 태만을 이유로 징계를 받은 지 9년 만에 1급 공무원으로 화려하게 복귀한 것이다. 물론 그사이

사업도 겸업했고. 지금 같으면 죽었다 깨어도 있을 수 없는 겸직 행위지만, 전근대 국가라서 가능한 일이었다.

사업 다각화와 명월관의 흔적

조선 최초 근대식 극장이라는 '원각사' 또한 안순환이 운영했다. 1908년 7월에 개관한 원각사는 판소리와 민속춤, 판소리를 변형한 창극을 공연했다.

1915년 1월 인사동 이완용 별장에 '태화관'이라는 대규모 호텔이 들어섰다.[58] 업종은 호텔인데 음식과 술을 팔아 말썽이 많았다. 1918년 안순환은 이 태화관을 인수해 요리점으로 업종을 바꿨다. 명월관 분점이다. 대박이 났다.

명월관 분점 태화관은 독립운동과도 관련이 깊다. 1919년 3월 1일 민족대표들이 이 태화관에서 '독립선언서'를 낭독하고 종로경찰서로 압송됐다. 그때 옆방에 주인 안순환이 있었다고 한다.

광화문 명월관 화재 기사가 실린 1919년 5월 24일 자 『매일신보』 [국립중앙도서관]

明月館이 燒失됨

이십삼일 오전여섯시경에 실화되야 전부소실되얏다

器具全部燒失

二萬圓保險을

米國人運轉手 第一回公判

洪鍾絡就縛

御禮言上

問題의 集古閣

李王世子殿下

□명월관의 불탄자리

[illegible]

5월 23일 오전 6시 광화문 명월관이 화재로 전소됐다. 될 사람은 되는 법인지, 안순환은 불과 몇 달 전 이 명월관 본점과 분점인 태화관을 다른 사업자에게 팔아넘긴 상태였다.[59] 그렇게 공터가 된 명월관 부지는 자본가 김성수가 매입해 훗날 동아일보 사옥을 지었다.[60] 공터가 요리점이 되고 아이러니하게도 그 요리점이 불구덩이 속에 사라진 '덕택에' 식민시대를 밝히는 조선, 동아 두 신문 가운데 하나가 어엿하게 들어선 것이다.

안순환은 이후 남대문에 식도원이라는 또 다른 요리점을 개점했다. 식도원은 '내국인보다 외국인 손님이 더 많았고' '기생의 장고 소리를 들으며 꿈속 같은 몇 시간을 보내는 곳'이었다.[61]

안순환이 조선 마지막 숙수라고?

이러저러 사업을 정리한 안순환은 이후 풍류를 즐기며 살았다. 해강 김규진 같은 서예가들과 전국을 주유하며 곳곳에 현판 글씨를 남겼다. 1933년에는 경기도 시흥에 '녹동서원'을 세우고 유학 선양에 몰두했다.

그런데 『한국민족문화대백과사전』(한국학중앙연구원)의 '안순환'과 '명월관', '태화관' 항목들은 모두 중대 오류가 있다. 언론을 포함한 기존 소개 글도 마찬가지다. 우선 이 사전은 안순환을 '1907년 대한제국 궁내부가 폐지되고 정3품 이왕직 사무관에 올랐지만 몇 달 뒤 스스로 사퇴했다'고 소개한다. 틀렸다. 1907년에는 이왕직 조직 자체가 없었다. 이왕직李王職은 1910년 한일병합 후 12월에 설립된 조직이다. 안순환이 이왕직 사무관에 임명된 때는 1911년이다.[62]

'사퇴할 때 궁내부 소속 궁중 남자 요리사인 대령숙수待令熟手를 모아 1909

년에 명월관을 열었다'는 설명도 틀렸다. 명월관은 전환국 기사 안순환이 1903년 9월 17일에 개업한 요리점이다.

'명월관이 1918년 화재로 소실됐다'는 설명도 틀렸다. 명월관 화재는 1918년이 아니라 1919년 5월 23일에 발생했다. '주요 손님은 일본과 조선 고관대작과 친일계 인물들'이라는 서술도 틀렸다. 돈 있는 손님은 누구나 다 받았다. 1935년 9월 30일에는 조선어학회가 490회 훈민정음 반포 기념식을 명월관에서 열었다.[63]

사전은 또 '태화관이 명월관 소실 이후 설립됐다'고 설명한다. 틀렸다. 태화관은 명월관 화재 전에 설립됐다. 태화관 폐업을 '기미독립선언이 계기'라고 하지만 태화관은 만세운동에서 2년이 지난 1921년 미국 선교단체가 매입해 교육 시설로 사용했다.

끝으로 안순환이 '대한제국 마지막 대령숙수로 망국 궁중 요리사와 관기를 데리고 나와 명월관을 차린 사람'이라는 기존 언론 및 포털 설명은 모조리 틀렸다. 전환국 기사 안순환이 외식사업으로 성공을 거두자 1908년 대한제국에서 그를 전선사典膳司 장선掌膳으로 채용했다. 거꾸로다.

태화관, 그 후

인사동 태화관은 1921년 개신교 미국 남감리교 여자선교부가 매입해 '태화여자관'을 설치했다.[64] 1942년 태평양 전쟁과 함께 태화여자관은 '독 이빨을 휘두르고 있던 미영계 교회'의 적산敵産으로 지정돼 총독부에 수용됐다.[65] 화신백화점 사장인 자본가 박흥식이 이를 매입했는데, 종로경찰서 요구로 경찰서 옛 부지와 맞바꿨다.[66] 해방 이후에도 종로경찰서로 쓰이던 옛 태화관은 남감리회에 반환됐다. 지금은 옛 명월관 분점 태화관 자리에 감리회 태화복지 재단의 태화빌딩이 들어서 있다.

태화, 옛 이름 그대로다. 대한제국 백 선생이 만든, 난해한 역사였다. 땅의 역사

07 한바탕 꿈이더라

서울 봉원사에 숨어 있는 허망한 권력들

서울 봉원사는 원래 지금 연세대 자리에 있었다. 그런데 1752년 영조가 그 자리에 사도세자 아들이자 자기 손자인 의소세손 묘를 쓰면서 지금 안산 기슭으로 이건됐다. 사람들은 봉원사를 '새절'이라고 불렀다. 1884년 갑신정변 주역 서재필도 "새절에서 개화승 이동인을 만났다" 했고[67] 1970년대까지 주민들도 "새절로 소풍 간다"고 했다. 개화와 개혁의 산실이지만, 이 절에는 권력 획득과 상실의 흔적도 남아 있다. 그 주인공은 대원군 이하응이다.

'내가 웃는다', 대원군의 아소정

어느 날 홍선대원군 이하응이 시를 한 수 짓는다. 제목은 〈아소당我笑堂〉(내가 웃는 집).

내가 날 저버렸으니 그 책임 가볍지 않구나

충남 예산 남연군묘 자리에 있던 가야사 동종. 지금은 봉원사에 있다.

나랏일 물러나 한적한 날 술잔만 기울인다
지난 일들 모두가 꿈이었구나
남은 삶 세속에 맡기자니 부끄럽기만 하다
(중략)
전생과 이생을 생각하며 내가 웃는다
(我笑前生又此生 · 아소전생우차생)68

1873년 겨울 친정을 선언한 아들 고종에 의해 대원군이 하룻밤에 권력을 박탈당하고 쓴 시다. 이후 이하응은 그가 쓴 시 그대로 삶을 살았다. 1882년 왕십리 하급 군인들이 일으킨 임오군란 때 잠깐 궁궐로 복귀했지만 곧바로 청나라 군사에 납치돼 일장춘몽으로 끝났다. 3년 뒤 청나라에서 돌아왔을 때, 아들 고종은 대원군 존봉의절大院君尊奉儀節을 만들어 대원군이 사는 곳 대문에 차단봉을 설치하고 감시초소를 만들어 관리들 접견을 금지시켰다. 숨만 쉴 뿐, 권력 냄새조차 맡지 못하도록 가둬 버린 것이다.[69] 1894년 청일전쟁 때 일본에 의해 갑오 정부 수장에 올랐지만, 이 또한 허무하게 끝났다.

그래서 대원군은 참 헛되이 살았다. 원래 살던 운현궁에 머물기도 했고 서울 염리동에 있는 별장에 살기도 했다. 별장은 지금 서울 염리동 서울디자인고교 자리에 있었다. 원래는 그가 미리 봐 뒀던 묏자리였는데, 1870년 대원군은 그 자리에 별장을 짓고 일찌감치 묏자리 위에 살았다. 그 별장 이름이 아소정我笑亭이다.

매천 황현에 따르면 대원군은 '자기 주검을 감출 가묘를 만들고 이를 감출 집을 지어 아소당이라 명명하고'[70] 아들 고종은 집 주변 100보를 묏자리 경계로 삼았다.[71] 1895년 갑오개혁 정부를 해산시킨 고종은 대원군을 아소당에 유폐시키고 신분 고하를 막론하고 면담을 금지해 아비를 산송장으로 만들어 버렸다.[72] 대한제국 건국 넉 달 뒤인 1898년 2월, 대원군이 "주상을 보고 싶다"고 세 번 외치다 죽었다. 그가 묻힌 곳이 아소정이었으니, '전생이든 이생이든 웃음밖에 안 나온다'고 했던 상남자 대원군의 끝은 그러했다.

그 꿈이 시작된 곳은 충청남도 예산이었다. 멀쩡하게 잘 있던 옛 절 하나를 대원군이 뒤집어엎고 그곳에 자기 아버지 묘를 썼다. 아버지 이름은 이구고 군호는 남연군이다. 경기도 연천에 있던 아비 묘를 예산으로 옮기면서 훗날

대원군 별장인 아소당 건물. 지금은 봉원사로 옮겨 와 법당이 됐다.

대원군 아들 명복과 손자 척이 왕이 되었다.

그 대원군 권력의 정점을 상징하는 아소정, 대원군이 없애 버린 가야사 동종이 이 봉원사 대웅전에 들어와 있다. 대원군 권력의 시작과 종점 모두 이 절에 모여 있는 것이다.

봉원사 아소정과 동종

봉원사 대웅전 옆 대방大房 대청에는 현판이 여럿 걸려 있는데, 글씨의 주인공은 추사 김정희다. 현판이 걸려 있는 대방 원주인은 흥선대원군 이하응이다. 지금 봉원사 대방 건물이 그 아소정이다. 1966년 아소정 자리에 들어선 동도중고교가 마침 중창 불사 중이던 봉원사에 아소정을 팔았다. 봉원사는 화재로 탄 염불당 자리에 아소정을 이건해 대방 법당을 지었다.

서울 봉원사 대방에는 추사 김정희와 그 청나라 스승 옹방강의 글씨가 걸려 있다. 처음부터 이 절에 있었던 작품이 아니다. 대방은 흥선대원군 이하응 별장인 염리동 아소당을 이건해 만든 건물이다. 대원군 스승이 김정희였고, 그래서 아소당에 있던 작품들도 함께 절로 이사를 왔다. 대원군이 선친 묘를 이장하고 철거한 충남 예산 가야사 동종도 봉원사에 있다. 구한말 개화파 승려 이동인도 봉원사에 주석하며 갑신정변 주역들을 길러 냈다. 근대사가 응축된 절, 봉원사다.

당호 아소당은 대원군의 위세가 천하를 떨게 하던 1870년에 지었다. 아소당이 언제 아소정으로 바뀌었는지는 불확실하다. 그때 그가 웃었던 웃음과 말년에 웃었던 웃음은 매우 다르지 않겠는가.

봉원사 대웅전 동쪽 문 옆에는 작은 동종이 앉아 있다. 이하응은 아들을 왕위에 앉히기 위해 선친 남연군의 관을 상여에 싣고 자그마치 500리가 넘는 길을 내려갔다. 1845년 대원군은 "가야사 석탑 자리에 묏자리를 쓰면 2대에 걸쳐 천자天子가 나온다"는 지관 정만인의 귀띔에 경기도 연천에 있던 선친 묘를 충남 예산으로 옮겼다.

이듬해 정식으로 이장한 자리가 지금 남연군묘라 불리는 충남 예산 가야산 기슭 옛 가야사 터다.[73] 묏자리 주변에 산재한 절들을 총칭하던 가야사는 철거되고 말사 격인 묘암사에 있던 거대한 석탑 자리에 묘가 들어섰다. 과연 아들 명복命福과 손자 척拓이 황제가 되었지만 아비는 유폐돼 죽었고 나라는 사라졌다.

그 가야사에서 만든 작은 동종銅鐘이 봉원사 대웅전에 앉아 있다. 종에는 1760년 덕산, 예산, 회덕, 천안 같은 충청도 주민들이 추렴해 만들었다는 기록이 새겨져 있다. 왜, 언제 이 종이 봉원사로 왔는지는 기록이 없다. 옛 아소정과 봉원사 거리는 10리밖에 되지 않는다. 현 아소정과 동종 거리는 불과 10여 미터다.

광해군 세자 이지의 탈출극

이제 동종이 원래 있었던, 예산 가야사 이야기다. 1623년 3월 13일 능양군 이종이 광해군을 몰아내고 왕위에 올랐다. 광해군이 죽인 이복동생 영창대군의 어머니 인목대비는 경운궁에 유폐 중이었는데, 그녀를 모시러 온 반정세력에게 인목대비가 이리 말했다.

"내 친히 그들 목을 잘라 망령에게 제사하고 싶다."[74]

반정세력이 겨우 뜯어말려 참극은 벌어지지 않았다. 광해군과 왕비는 강화도로, 그 아들인 세자 이지李祬의 부부는 부속 섬 교동으로 유배당했다.

두 달 뒤인 5월 22일 밤, 이지가 땅굴을 파고 도망가다가 체포됐다. 땅굴 길이는 70척(21미터)이나 됐다. 이를 위해 세자는 보름 넘도록 물 한 모금 마시지 않으며 몸을 줄였고, 세자가 굴을 파면 세자빈 박씨가 그 흙을 받아 방에 쌓았다. 체포된 세자는 6월 25일 자진自盡 왕명을 받고 목을 매 죽었다. 세자빈 역시 남편 체포 사흘 만에 목을 매 죽었다.[75]

그런데 함께 체포된 하인 막덕莫德이 증언했다.

"(세자가) 바로 도망쳐 나와 마니산으로 가려다가 가야산伽倻山으로 방향을 돌렸습니다."

그러니까, 세자의 최종 목적지가 예산에 있는 가야산이었다는 것이다. 왜 가야산인가. 이유가 있었다.

"어제 모두 가야사에 모였다. 가야사는 지금 동궁의 원당이다. 궁중 노비라는 자가 막 와서는 양반에게 욕질을 해댔다. 그래서 돌아왔다."[76]

양반들이 승려들을 천민 취급하던 그때, 조극선이라는 예산 양반이 가야산 가야사에 놀러 갔다가 혼쭐이 나고 돌아왔다는 일기다. 여기에 '지금 동궁의 원당'이라는 말이 나온다. 가야사가 훗날 왕이 될 세자의 원찰이라는 뜻이다. 왕실 원찰이 되면 그 지역에서 막강한 권력을 가지게 된다. 절은 세금을 면제받고 부역 또한 면제된다. 천대받던 절집 사람들과 지역 양반들 신세가 완전히 역전되는 것이다. 넉 달 뒤 조극선이 다시 가야사에 가 보니 하늘 높이 '東宮願堂(동궁원당)'이라는 금표禁標가 걸려 있었다. 그때 동궁은 바로 광해군 세자 이지였다. 그러니까 2년 뒤 세자 자리에서 쫓겨난 그 원찰의 주인, 세자 이지가 '가야산'을 목적지로 정하고 탈출극을 벌인 것이다.

인조반정과 몰락한 가야사

'본궁本宮의 원당이랍시고 양반을 능멸하던' 기세등등한 가야사였다.[77] 그 절이 인조반정 7개월 뒤인 1623년 10월 17일 '절집은 텅 비고 승려들은 모두 숨어 버리는' 완전히 조락한 절로 변했다. 가야사를 들볶아 종이를 공급받던 양반들이 임박한 과거시험에 쓸 종이를 마련하지 못해 달아난 승려를 잡으러 돌아다닐 정도로 대혼란에 빠졌다. 종이 만드는 '지역紙役'을 피해 달아나기도 했지만, 쿠데타로 왕이 바뀌고 옛 왕 아들이 자살 '당한' 이유가 더 컸을 것이다. 이후 가야사는 몰락했다. 1700년대 문인들이 쓴 가야산 답사기에는 '가야사' 대신 '묘암사妙巖寺'라는 절이 나온다.

'옛날에 묘암사는 가야사에 속했다. 가야사가 훼손된 이후 그 이름을 사칭 중이다. 불당 뒤 언덕에 층계가 77계단이 있고, 그 위에 석탑 하나가 우뚝 솟았다. 지세가 쥐 달아나는 형국이라 언덕에 탑을 세워 쥐를 눌렀다고 한다.'[78]

홍선대원군의 야심과 석탑

100년 뒤 바로 그 가야산 절집에 홍선대원군이 선친인 남연군 상여를 들고 나타나 절을 부수고 선친 묘를 이장했다. 사연은 이러하다.

"가문 부흥을 염원하던 홍선군 이하응에게 정만인이라는 지관이 '가야산 가야사 석탑 자리에 묏자리를 쓰면 2대에 걸쳐 천자天子가 나온다'고 귀띔했다. 이에 대원군이 전 재산을 털어 가야사 주지를 2만 냥으로 매수한 뒤 가야사에 불을 질러 버리고 석탑을 도끼로 부순 다음 그 자리에 묘를 옮겼다. 형제들이 악몽을 꾸고서 석탑 부수기를 주저하자, 이하응이 직접 도끼로 내려쳐 탑을 없앴다. 그리하여 13년 뒤 아들 명복과 손자 척이 왕이 되었다" 운운.

지금도 풍수학을 공부하는 사람들이 즐겨 찾는 예산 남연군묘 역사는 그러하였다. '하늘을 찌르던 외로운 탑'[79]은 '백 척 누대 위에 깨진 채 서 있다가'[80] 권력을 염원한 중년 사내 손에 의해 완전히 사라지고 말았다. 남연군묘에서 남쪽에 있는 개울가 숲을 '남전南殿'이라 부르는데, 예산 토박이인 가야산

충남 예산군 덕산면 상가리에 있는 남연군묘. 가야산 자락이 날개처럼 무덤자리(가운데)를 에워싸고 있다. 흥선대원군이 자기 선친 남연군을 연천에서 이장한 자리다.

역사문화연구소장 이기웅에 따르면 연전에 땅속에서 "폭삭 주저앉은 서까래와 기와가 나왔다."

자, 그러니 대원군이 부순 절은 가야사가 아니라 묘암사다. 그리고 석탑 또한 전설 속 허구가 아니라 실제로 존재했던 탑이다. 하나 더 있다. 대개 남연군묘, 즉 대원군이 세운 선친 묘가 이장된 해를 '고종이 왕이 되기 13년 전'인 1850년이라고 설명한다. 그런데 남연군묘 입구에 있는 비석에는 역사적 진실이 기록돼 있다.

'처음 마전 백자동에 장사 지냈다가 바로 연천 남송정에 이장하고 을사년에 덕산 가야산 북쪽 기슭에 이장했다가 병오 3월 18일 드디어 중록 건좌한 언덕에 면례하였다.'

이미 대원군은 연천에서 선친을 한 차례 이장한 뒤 을사년(1845)에 가야산 북쪽으로 이장하고, 이듬해에는 지금 자리에 묘를 썼다는 뜻이다.

을사년에 첫 이장을 한 자리를 주민들은 '구광터(舊壙址·구광지)'라고 부른다. '옛 무덤 자리'라는 뜻이다. 남연군묘에서 400미터 북동쪽 산기슭 밭이다. 왜 처음부터 석탑 자리에 옮기지 않았을까. 이기웅이 말했다.

"묘암사와 주변 주민들과 땅 문제를 협상하는 시기였을 것이다. 그러다 마지막 남은 절을 불태웠고."

이장 시기와 토박이 역사가 분석을 들어 보니 '만세 권력을 누린다는 지관 말에 있는 돈 없는 돈 탈탈 털어서 급히 가야사라는 대찰大刹을 불태우고 주민을 내쫓았다'는 대중매체의 보도와 공식 안내문은 수정돼야 마땅하다.

21세기 남연군묘

18세기까지 석탑은 '층마다 작은 부처가 있었고 돌 틈에 쇳물을 부어 비바람이 불어도 무너지지 않았다.'[81] 탑 자리에 지금은 큰 무덤 하나가 앉아 있다. 풍수를 논하지 않아도, 남연군묘 풍경은 압도적이다. 땅에서 보면 아늑하고 하늘에서 보면 웅장하다. 산줄기가 끝나는 언덕에 나무를 다 베고 묘를 썼으니, 언덕 전체가 왕릉처럼 보인다.

예산 마을 사람들 집에는 '李山(이산)'이라 새겨진 표석들이 눈에 띈다.

(이기웅) "우리 아버지가 이장을 했는데, 땅문서에 소유주가 '이왕직李王職'인 땅이 그렇게 많았다. 나는 사람 이름인 줄 알았다."

이왕직은 식민시대 전주 이씨 왕실 재산을 관리하던 법인이다. 망해 버린 옛 왕실 땅이 예산에 그리 많았다는 뜻이다. 이기웅은 그 '이산' 표석이 이왕직 재산을 알리는 안내석이라고 믿고 있다.

다시 봉원사

가야사 혹은 묘암사 동종이 봉원사로 왔을 무렵 개화파 이동인과 갑신정변 주역들은 봉원사에서 근대를 꿈꿨다. 그들이 사라지고, 대원군이 가진 권력도 눈 녹듯 사라지며, 나라가 사라지니 해방이 되고 전쟁이 끝이 났다. 어느 날, 마침내 대원군이 껄껄대며 웃던 그 집, 아소정 또한 봉원사로 왔다. 허망하고 우습지 않은가. 옛 절이 새절로 변하고 세상이 변했나 싶더니 모든 것이 한군데 모여 옹기종기 몰래 대화하고 있는 이 풍경이. 땅의 역사

08 당쟁으로 사라진 종두법 선구자들

지석영보다 80년 빨랐던 박제가, 이종인, 정약용

죽거나 박색으로 살거나

조선시대 '두창痘瘡'이라고 불렸던 천연두는 호랑이와 함께 조선 백성을 괴롭혔던 가장 무서운 전염병이었다. 걸리면 죽었다. 죽지 않고 살아나면 눈이 멀어서 '눈먼 사람 가운데 십중팔구는 원인이 천연두였고' 얼굴이 곰보로 변해 버려 '하늘이 내린 미용을 하루아침에 잃게 하는' 끔찍한 병이었다.[82]

태종 이방원 막내아들 성녕대군 이종도 열네 살에 천연두로 죽었다.[83] 숙종 때인 1677년부터 1683년까지 한성에 천연두가 대유행해 숙종 본인도 천연두에 걸려 고생을 했다. 추한 용모를 뜻하는 '박색縛色'은 그 단어 자체가 천연두에 걸리면 그 자국으로 얼굴이 얽어서(縛: 얽을 박) 생긴 말이었다.[84] 현존하는 조선 후기 사대부 초상화 180여 폭 가운데 16폭의 초상화 인물 얼굴에 곰보딱지가 그려져 있으니, 비교적 신분이 높은 사대부들도 열 가운데 하나는 천연두를 피하지 못했다는 뜻이다.[85]

서울 연건동 서울대병원 구내 옛 대한의원 건물 앞에 있는 지석영 동상. 1880년 일본에서 우두법과 근대 의학을 도입한 인물이다. 우두법이 도입되기 전 1800년 북학파 학자 박제가와 의사 이종인은 정약용과 함께 천연두 환자 고름을 이용한 인두법을 연구해 접종법 개발에 성공했다. 하지만 이들은 개발 이듬해인 1801년 역모와 천주교 신앙에 연루됐다는 혐의로 유배형을 받고 역사 속에서 사라졌다. 인두법 또한 종적을 감췄고, 조선을 500년 동안 괴롭혔던 마마 퇴치는 근 100년을 더 기다려 지석영에 의해 시작했다.

그 무시무시한 천연두가 이제 지구상에 없다. 일등공신은 1796년 우두법을 개발한 영국인 에드워드 제너다. 또 조선에서 일등공신은 지석영이다. 1880년 지석영이 일본을 거쳐 조선에 수입한 우두법이 서서히 전국에 보급되면서 조선인은 호환 마마 가운데 마마로부터 해방되기 시작했다.

그런데, 천연두에 걸린 소 고름을 쓰는 우두법이 수입되기 전, 조선에서는 천연두 환자의 고름을 사용한 '인두법'이 한때 성과를 거두고 있었다. 천연두 환자를 성 밖 초가에 격리시켜 죽을 날을 기다리는 것밖에 할 수 없었던, 속수무책의 조선에 희망을 싹틔운 사람들이 있다.

'인두법'을 개발한 선구자들 이름은 박제가, 이종인 그리고 정약용. 공통점이 있다. 개발 직후 인두법을 보급하기도 전에 정치적인 이유로 유배형을 당해 역사에서 사라지고 말았다. 조금 더 일찍 조선에서 천연두가 사라질 수 있었던, 아쉬운 이야기.

천연두 귀신이 만든 곰보

동서를 막론하고 17세기까지 홍역(麻疹·마진)과 천연두(痘瘡·두창)는 구분되는 병이 아니었다. 증세가 비슷한지라 대처하는 방식에도 차이가 없었다. 앞에 언급한 성녕대군 사인도 천연두인지 홍역인지는 분명하지 않다.

주술과 무속의 시대, 사람들은 신과 귀신에 의지했다. 숙종 때 장희빈 사건에 연루된 궁녀 숙영은 '두신痘神(천연두 귀신)' 이름을 적은 비단 옷감을 벽에 끼워 저주를 했다고 자백했고[86], 훗날 영조로 등극한 세자 연잉군이 마마를 앓고 치유됐을 때는 "임금이 짚으로 천연두 귀신을 만들어 떠나보냈다(送神·송신)"는 소문이 돌기도 했다.[87]

이에 스스로 합리적이라 믿던 성균관 유생들은 "역병이 돌면 무지한 백성은 귀신 탓을 하지만 목숨은 귀신 마음이 아니라 운명에 달린 것"이라고 상소하기도 했다.[88] 귀신을 혐오한 이 유생들은 이렇게 결론 내렸다.

"부모로부터 받은 몸속 오물과 고혈 찌꺼기가 밖으로 나와서 천연두가 되는 것이다."

문제 제기는 합리적일지 몰라도 역병에 대한 그 결론은 너무나도 성리학적이었다.

『동의보감』의 저자 허준 또한 천연두의 원인을 '태독胎毒과 운기運氣'로 규정했다. 허준은 갓난아이가 배 속에서 받은 독 기운이 바깥 독기를 만나면 천연두에 걸린다고 판단했다. 그가 내린 처방은 '쓴 약물로 아기 입을 씻고 탯줄을 태운 재를 먹여 태독을 제거하면 증세가 완화된다'였다.[89]

1752년 영조 때 의사 임서봉은 홍역에 대해 '野人乾(야인건)'을 특효약으로 처방하고 '단 회충을 조심해야 한다'고 부기했다. 야인건은 '말린 사람 똥'을 뜻한다.[90] 똥은 열을 낮추는 효과는 있었지만 치료는 불가능했다.

전·현직 관료와 의사의 협업, 인두법의 탄생

시작은 동시다발적이었다. 1800년 규장각 검서관 초정 박제가가 규장각에 근무했던 전 형조참의 정약용을 찾아왔다. 정조가 '문체반정文體反正'을 통해 사상의 자유를 통제하던 때였다. 박제가는 『북학의北學議』를 통해 상공업 및 무역 진흥을 주장한 북학파였다. 정약용은 천주교 신봉 문제로 구설을 피해 고향인 경기도 마현에 은둔 중이었다.

사상 통제로 거시적인 개혁 주장이 잠수해 버린 그때, 정약용은 바로 이 천연두 퇴치법을 연구 중이었다. 보건과 의학이 미개하던 그 시대, 만병통치약은 똥이었다. 그런데 정약용은 이미 "풍속에서는 똥을 즐겨 써서 병이 있으면 빈번히 똥을 썼으나 사실은 잘 알지 못하고 있으니 한심하다"며 『마과회통』(1798)이라는 마진과 두창 의서를 저술해 놓은 터였다.[91] 정약용은 "한 해의 운수(運氣·운기)라는 것이 어떻게 천연두를 일으킨다는 말인가"라고 기존 처방을 비판했다.[92]

박제가가 방문했을 때 정약용은 『종두방種痘方』이라는 청나라 천연두 의서를 탐독 중이었다. 책에는 '천연두 환자 고름딱지를 처리해 그 즙을 코에 넣으

1800년 영평현령 시절 의사 이종인과 함께 종두법을 연구해 접종에 성공한 박제가. 이방, 관노 자식과 자기 조카에게 종두를 접종해 천연두 예방에 성공했다. [실학박물관]

면 치료가 된다'는 '인두법人痘法'이 적혀 있었다.

몇 페이지가 달아나고 없는 이 책을 박제가가 보았다. 그가 말했다.

"나한테도 비슷한 책이 있다."

포천으로 돌아간 박제가가 자기가 본 책을 정약용에게 보냈다. 정약용은 책을 합치고 주석을 붙여 새로운 책을 만들었다. 책이 완성되자 정약용은 책을 다시 포천으로 보냈고 이를 군수 박제가가 읽고선 "여름과 겨울에 종두 유효기간이 다르다"고 알려 줬다. 곧이어 박제가가 희소식을 전해 왔다.

"관아 이방吏房이 흥분해 종두를 자기 아이에게 접종하고, 관노가 자기 아이에게 그리고 내가 조카에게 접종하니 쾌차하였다."

임상 실험이 완료된 그 종두를 포천에 사는 이종인이라는 의사가 포천 남쪽 한성 이북 선비들에게 접종해 큰 성공을 거뒀다.[93] 포천에서 박제가와 협업했던 의사 이종인은 의서『시종통편時種通編』을 저술해 민간에 인두법을 보급했다.

3인의 협업이다. 영국인 제너가 우두법을 내놓고 4년 뒤였다. 우두법보다 효과가 떨어지고 부작용도 컸지만 이 인두법은 귀신에 기대던 전 근대적 치료법이 폐기되는 데 결정적인 기여를 했다.

눈송이처럼 사라진 종두법

이들이 인두법 임상 실험을 완료한 1800년 6월, 정조가 죽었다. 다음은 정약용이 남긴 기록이다.

'이 해 임금이 승하하였다. 다음 해 봄에 나는 장기長鬐로 귀양 가고 초정(박제가)은 경원慶源으로 귀양 갔다. 그런데 간사한 놈이 의사 이씨를 모함하여 신유사옥辛酉邪獄으로 무고하니 의사 이씨가 고문받아 거의 죽게 되고 두종도 단절되었다.'[94]

정조가 금지한 서학西學을 신봉한다는 구실로 남인 박멸을 꿈꾸던 세력이 정약용에게 유배형을 내린 것이다. 역모 사건에 연루된 박제가는 함경도 경원으로 귀양을 보내 버렸다. 의사 이종인 또한 천주교도로 몰아 고문을 가해 반죽음으로 만들어 버렸다.

1807년 강진에서 유배 생활을 할 때 정약용은 '상주에 사는 의사가 인두법으로 사람을 구하고 있다'는 소식을 들었다. 이미 이들이 개발한 인두법이 차츰 퍼져 나가 민간에서는 마마에 대한 공포와 두려움을 극복하고 있었다는 뜻이다.

하지만 엄격한 통제 속에서 제대로 된 의학 연구와 신의학 수입은 진흥되지 못했다. 1828년 유배에서 풀린 정약용은 1798년 탈고했던 『마과회통』을 증보·편찬하면서 부록으로 『영국신출종두기서英咭利國新出種痘奇書』라는 청나라 소책자를 소개했다. 제너의 우두법이 청나라까지 전파된 과정을 소개한 책자다. 정약용은 이 책을 『신증종두기법상실』이라고 제목을 바꿔 부록으로 첨부했다. 그리고 이 글에 나오는 모든 서양 지명과 인명, 연도를 지워 버렸다. 언뜻 보면 서양인이 쓴 책인지 알 수 없을 정도였다.[95] 정약용은 『마과회통』 서문에 이렇게 썼다.

'내가 편집한 본방本方을 난리에 잃어버렸으므로 여기에 전말을 기록하여 아이들에게 보인다.'

그리고 1880년 지석영이 마침내 우두법을 도입해 조선팔도에 퍼뜨렸다. 1882년 임오군란 때 종두법 실험장이 불타는 고난도 겪었지만 조선은 결국 천연두로부터 차츰 해방됐다. 학문과 사상 통제가 없었다면 많이 앞당겨졌을 해방이었다. 우두법을 도입한 지석영 또한 1909년 12월 12일 이토 히로부미 추도식에서 추도문을 낭독한 혐의로 명예를 잃고 2003년 과학기술부 선정 '과학기술인 명예의 전당' 15인에서 제외됐다. [땅의 역사]

2장

아프고 어지러웠다

소나무 앞에서, 사람이 운다

독립문 영은문 기둥

01 동굴 앞에서 고구려 멸망을 보았다

점말동굴 화랑 이름과 연개소문의 패착

어느 나라가 됐건 망국亡國 과정에는 일정한 패턴이 있다. 권력이 집중되고, 권력층 판단력이 흐려지고, 그 흐리멍덩한 권력층 눈을 가리는 저질 정치배들의 농단에 국력마저 소진되고, 그리고 멸망. 조선 망국이 그러했고 고려 왕국이 그러했다. 고구려와 백제 망국도 같았다. 신라는 반대였다. 명징한 판단력과 결단력, 그리고 권력층의 책임감이 최약체 신라를 결승전 승자로 만들었다. 특히 군사 대국 고구려가 망해 버린 풍경은 참 어이가 없다. 지금은 대륙을 엿본 사내라고 칭송받는 연개소문의 실체도 덧없다. 문자가 없던 아득한 옛날부터 사람이 살던 충청북도 제천 점말동굴에서 고구려 망국사를 엿본다.

점말동굴과 신라 엘리트의 맹세

'서기 576년 진흥왕 37년 봄에 원화源花를 받들었다. 일찍이 임금과 신하들이 인물을 알아볼 방법이 없어서 걱정하다가 무리들이 함께 모여서 놀게 하고 그 행동을 살펴본 후에 발탁해서 쓰려고 하였다. (중략) 그 후에 다시 미모의 남자를 택하여 곱게 꾸며 화랑花郎이라 이름하고 받들었는데, 무리들이 구름처럼 몰려들었다.'96

신라가 한창 세력을 확장하던 진흥왕 때 화랑이 처음 창설됐다. 처음에는 남모와 준정이라는 여자를 우두머리로 삼았는데, 두 여자의 질투 끝에 치정살인극이 벌어지자 남자를 '곱게 꾸며' 우두머리로 삼았다. 이들은 '혹은 도의道義로써 서로 연마하고 혹은 노래와 음악으로 서로 즐겼는데, 산과 물을 찾아 노닐고 즐기니 멀리 이르지 않은 곳이 없었다. 김대문金大問은 "어진 보필자와 충신은 이로부터 나왔고, 훌륭한 장수와 용감한 병졸은 이로부터 생겼다"라고 하였다.' 이들을 이끈 지도 이념은 '충성'과 '효도'와 '우정信'과 '불퇴不退' 그리고 '필요할 때만 살인'이었다.

이 이야기가 신라 통일의 시작이요 끝이다. 통일기 신라 지도자는 모두 화랑에서 나왔다. 태종무열왕 김춘추도 화랑이고 그와 함께 통일을 이룬 김유신도 화랑이다.

그 화랑들이 '멀리 이르지 않은 곳이 없이' 다닌 곳 가운데 충청북도 제천시 송학면 포전리 산68-1번지가 있다. 지금도 도로명 주소가 없을 정도로 산중山中이니, 그때도 그랬음이 틀림없다. 그 번지를 찾아가 보면 2층 동굴이 뚫린 절벽이 나온다. 이름은 점말동굴이다. 점말, 그릇 만들던 옹기쟁이들이 살던 곳 이름이 대개 점말 아니면 점촌이다. 이곳도 마찬가지다.

문자가 없던 구석기 시절 사람들이 먹다 버린 코뿔소와 사슴 뼈, 뼈로 만든 바늘 따위가 나왔던 이 구석기 유적지에서, 화랑들은 심신을 수련했다. 하늘

충청북도 제천시 송학면 포전리 산68-1번지에 있는 점말동굴에는 구석기부터 사람이 살았다. 삼국시대 신라 화랑들이 동굴 입구에 새겨 넣은 이름들은 소속도 없이 이름뿐이다. 소속은 그저 '신라'였다. 1,500년 전 최약체국으로 고구려와 백제를 멸망시킨 신라 상류층의 결기를 엿볼 수 있다. 동시에 너무나도 순식간에 멸망한 고구려 권력층의 무책임도 읽을 수 있다.

에 제사를 지내고, 무예를 닦았다.

화랑이 뭔가. 신라 청소년으로 구성된 심신 수련 조직이다. 계급에는 제한이 없었다. 화랑 우두머리 국선國仙 중 하나였던 미시未尸는 성도 모르고 길거리에서 떠돌던 고아였다.[97] 일단 화랑이 되면 그들은 지도자가 되었다.

그들이 점말동굴에 와서 이름을 새긴다. 正郎(정랑), 鳥郎(오랑), 金郎(금랑), 祥蘭(상란)…. 숱하게 이름이 발견되지만, 어느 하나 자기 소속이나 고향은 밝히지 않았다. 그들에게는 '신라'라는 공동체밖에 없었다.

552년 임신년 6월 16일, 이름 모를 두 화랑은 '나라가 편안하지 않고 크게 세상이 어지러워지면 모름지기 충도를 행할 것을 맹세한다'고 돌에 새겨 넣기도 했다.[98] 21세기 시각으로 보면 끔찍한 전체주의적 집단이지만, 1,500년 전 신라에는 없어서는 아니 될 조직이었다. 이들이 하는 행태는 유비무환과 강병체제, 바로 그 정책 실천이었다.

'구석진 곳 집집마다 군사를 징발하고 해마다 무기를 들어 과부들이 군량미 수레를 끌고 어린아이가 군사용 밭을 경작한다.'[99]

민족 개념이 없던 삼국시대 세 나라는 국익을 위해 합종연횡했다. 때로는 적이 되고 때로는 동지가 되었다. 언제나 전시戰時였다. 소시민은 행복을 추구했지만, 상류층은 그렇지 못했다. 신라는 세 나라 가운데 가장 약했다.

연개소문의 완벽한 쿠데타

642년 10월 고구려 대대로(수상) 연개소문이 쿠데타를 일으켰다. 연개소문은 포악하기로 소문이 난 실력자였다. 왕과 귀족이 그를 몰래 죽이고자 논의한 일이 새어 나갔다. 이에 연개소문은 자기 성 남쪽에서 파티를 열고 참석한 귀족을 모두 죽였다.[100] 곧바로 연개소문은 궁궐로 말을 달려 영류왕을 죽이고 시신을 토막 내 도랑에 버렸다. 전광석화 같았다. 그날 죽은 귀족은 100여 명(『삼국사기』)이라고도 하고 180여 명(『일본서기』)이라고도 한다.

그 겨울날 하루아침에 전통적인 고구려 귀족 집단 지도 체제가 소멸해 버린 것이다. 연개소문은 보장왕을 왕위에 앉히고 자연스럽게 일인 독재로 나라를 경영했다. 연개소문은 다섯 개의 칼을 차고 다녔고, 말을 타고 내릴 때는 귀족 출신 무장을 엎드리게 하고는 그들을 밟았다. 사람들은 모두 흩어져 달아나기를 구덩이나 골짜기도 마다하지 않았다. 그들은 이를 매우 고통스럽게 여겼다.[101]

연개소문의 실수

명징한 사람도 권력이 집중되면 명징함을 잃는다. 연개소문 또한 그랬다. 천하의 무장이며 배짱 두둑한 인물이었지만, 큰 실수를 저질렀다. 평양을 찾아온 화랑 출신 신라 장관 김춘추를 옥에 가둬 버린 것이다.

바로 그해 백제가 신라를 쳐서 김춘추 사위가 성주로 있던 대야성을 함락시켰다. 사위 김품석 부부는 목이 베여 부여성 감옥 바닥에 파묻혔다. 이에 이찬伊飡 김춘추가 선덕여왕에 청해 고구려에 가서 군사를 청한 것이다. 김춘추가 말했다.

"대국大國의 군사를 얻어서 치욕을 씻고자 합니다."

연개소문 꼭두각시였던 보장왕은 "죽령 땅을 반납하면 돕겠다"고 답했고 중국 길림성 집안시에 있는 환도산성과 고구려 고분군. 서기 3년 고구려 2대 유리왕이 만든 이 성은 342년 전연(前燕) 모용황 군대에 의해 파괴됐다. 이후 고구려는 절치부심 끝에 군사 강국으로 거듭났지만 668년 멸망했다. 멸망 원인은 권력층 분열이었다.

김춘추는 거부했다. 이로 인해 김춘추가 수감됐다는 소식에 김유신이 결사대 1만 명을 끌고 한강을 넘었다. 그 두려운 소식에 연개소문은 김춘추를 풀어 줬다.[102]

수나라에 이어 당나라와 격전을 앞둔 고구려였다. 북쪽 전선이 형성된 상태에서 남쪽 국경을 맞댄 신라를 적으로 만들어 버린 것이다. 배후의 신라를 적대 세력으로 돌린 것은 고구려 멸망의 결정적 요인이 되었다.[103] 고구려 대군은 남과 북으로 분산돼 이중으로 전쟁을 치르게 되었다. 고구려는 그날 멸망의 문을 열었다.

오천 결사대 對 오만 결사대

곳곳마다 "목숨을 건다"고 맹세한 화랑들이 운명을 건 전쟁을 벌였다. 작게는 화랑 김춘추의 대對 백제 복수극이었고, 결과적으로는 삼국 통일 전쟁이었다. 첫 상대는 백제였다. 백제가 망한 과정도 여느 망국사와 패턴이 같다. 명징했던 의자왕의 사치와 부패, 권력층의 이반 따위 현상이 부여 도성을 횡행했다. 이제 의지할 곳은 계백밖에 없었다.

660년 6월 출정 명령을 받은 계백은 병사 오천을 끌고 황산벌로 나갔다. 그가 지휘한 병사들은 『삼국사기』에 '死士(사사)'라고 기록돼 있다. '죽음을 각오한 전사'라는 뜻이다. 명을 받고 귀가한 계백은 먼저 아내와 자식을 모두 죽였다. "살아서 치욕을 당하는 것보다 낫다"고 했다. 가족을 죽이고 집안을 피칠갑으로 만든 장수가 결사대 5,000명을 데리고 벌판에 나가니, 거기에는 신라 결사대가 자그마치 5만 명이나 버티고 있었다.

백제는 지도부가 붕괴된 상태였고, 신라는 왕부터 소년병까지 결사 항전으로 똘똘 뭉쳐 있었다. 계백은 네 번 싸워 세 번 이기고 한 번은 졌다. 그 패전에서 계백은 힘이 다하여 죽었다.[104] 의자왕은 야반도주했다.

힘이 다한 이유가 있었다. 신라 장군 김흠순은 "지금 죽으면 충성과 효도를 한 번에 다 한다"며 아들 반굴盤屈을 전쟁에 내보냈다. 반굴은 바로 전사했다. 또 다른 장수 김품일도 "열여섯 살인 네가 모범이 되라"며 아들 관장官狀을 내보냈다. 한번 붙잡혔다 계백에 의해 돌려보내진 관장도 우물물 한 번 떠 마시고 다시 나가 죽었다. 말안장에 매달려 돌아온 아들 목을 보며 아버지 김품일은 "왕을 위하여 죽을 수 있었으니 다행"이라고 했다. 계백은 "신라와 대적 불가"라 내뱉었다.[105]

엽기적이지 않은가. 그 장엄하되 전체주의적이고 엽기적인 상류층 희생 끝에 최약체 신라가 두 나라를 꺾은 것이다.

저질 정치꾼의 등장과 고구려 멸망

665년 연개소문이 죽었다. 천지 사방이 전쟁터였고 민심은 이반인 상태였다. 연개소문의 세 아들에게 모리배들이 접근했다.

어떤 사람이 두 동생에게 이리 일렀다.

"(맏형) 남생이 두 아우가 핍박하는 것을 싫어하여 제거하려고 하니 먼저 계책을 세우는 것만 못하다."

또 누군가가 남생에게 이리 말했다.

"두 동생은 형이 돌아와 권력을 빼앗을까 두려워하여 형을 막고 들이지 않으려 한다."[106]

동생들은 금쪽같은 조카들을 단번에 살육했다. 남생이 격문을 보내니 동

점말동굴 외벽에 새겨져 있는 화랑들 글씨. '大究義節(대구의절)'은 서약이나 다짐을 의미하는 듯하다.

맹세력이 창을 들었다.[107] 전쟁 와중에 권력이 그대로 분열된 것이다. 분열 원인은 동생들 앞으로 줄을 선 '어떤 사람'들, 저질 정치 모리배들이었다. 모리배와 귀 얇고 판단력 혼미한 권력자 집단, 엽기적일 정도로 똘똘 뭉친 노블레스들이 전쟁을 했다. 장남 연남생은 동맹 세력을 이끌고 당으로 귀순해 평양도 행군 대총관 벼슬을 받고 고구려 침략을 지휘했다. 논리적으로나 감성적으로나 결과는 뻔했다.

북에서는 '돌궐계 기병들이 고구려 군사를 양 떼처럼 몰고 다녔고'[108], 남에서는 '나라 수호를 위해 신명을 돌보지 않는, 전사戰死를 명예로 여기는 무사정신에 의해 쫓겨 다녔다.' 668년 고구려가 사라졌다.

당은 신라를 노리며 철수를 거부하다가 699년 9월 군사를 빼 서쪽 토번과 전쟁을 개시했다. 공백을 본 신라는 이듬해 3월 압록강을 건너 당나라를 공격했다. 735년 당은 신라에 평양 이남 땅을 공식 인정했다. 나당전쟁이 끝나고 평화가 왔다.

그 평화를 지킨 청년들이 충청도 깊은 산중에 이름을 새겨 넣었다. 그들이 정랑이고 오랑이며 금랑이다. 나라 경영법을 알고 있던 이름들이다. 땅의 역사

02 히데요시의 광기와 텅 빈 문경새재

손죽도 왜변과 허망한 용인전투

임진왜란 7년 전인 1585년 7월 도요토미 히데요시는 스스로 최고위직인 관백關白에 오르며 중국 침략 계획을 공개했다. 이듬해 5월 일본을 찾은 포르투갈 예수회 선교사 코엘료에게 그는 "명과 조선 침략을 위해 군함 두 척을 건조해 달라"고 요청했다.[109] 히데요시는 국내외로 전쟁을 공공연하게 밝히고 이를 준비했다. 이후 일본과 조선 역사는 히데요시의 광기狂氣 속으로 내몰렸다. 징조는 곳곳에서 보였고, 전쟁은 터졌다. 히데요시의 광기가 뿜어낸 징조와 그에 대처했던 조선 지도부의 자세는 이러했다.

1587년 손죽도 왜변(倭變)

1587년 2월 전남 고흥반도 앞바다 녹도에 왜구의 배 다섯 척이 들어왔다. 섬을 지키던 녹도만호 이대원이 이들을 퇴치하자 며칠 뒤 왜구는 열여덟 척 함대를 만들어 녹도 남쪽 80리 손죽도를 침략했다. 전라좌수군이 총출동했다.

사흘 밤낮으로 싸웠는데 싸우는 배는 이대원이 탄 배 하나밖에 없었다. 다른 배들은 감히 싸우려 하지 않았다. 혼자 남은 이대원은 뭍으로 끌려가 왜구 손에 죽었다. 도대체 왜 조선군은 전의를 상실했는가.

'다른 배들은 철환鐵丸을 두려워하여 모두 도주하였다.'110

철환은 조총이 쏴대는 탄환이다. 조총鳥銃이라는 듣도 보도 못한 화력 군단이 나타난 것이다. 왜구는 강진 앞 선산도와 마도진, 가리포진을 휩쓸고 퇴각했다. 조선 정부는 이후 전라도 방어력 강화를 위해 전라도 가리포와 진도 등지 해안에 성을 쌓았다.

어느 날 선조가 공조판서 겸 도총관 변협에게 물었다.

"만약 우리나라가 전라도에 주력하는 줄을 알고 딴 도道로 들어오면 어찌할 것인가?"

도총관이 답했다.

"대적大賊이 어느 곳엔들 들어오지 못하겠습니까."111

그랬다. 3년 뒤 '대적' 히데요시는 15만 대군을 전라도가 아닌 경상도 부산포로 상륙시켰다. 최전방 부대는 전라좌수군을 공포에 떨게 한 조총부대였다. 완전히 허를 찔린 것이다.

손죽도 왜변 이후 조선 지도부의 위기관리 방식에 대하여

손죽도 왜변이 마무리되고 다음 달 동래부사 노준盧埈이 파직됐다. 실록 기록은 이러하다.

'동래부사 노준은 술에 빠져 공무를 살피지 않고 왜인들 선박에 쌀을 지급할 때 작폐가 적지 않아 왜관 내 왜인들로 하여금 억울하다는 말을 하게 만드니, 파직하소서.'[112]

요컨대, 게으르고 부정부패를 저질러 말썽을 피운다는 내용이었다. 선조는 한 달 뒤 부사를 교체했다. 하지만 이는 말 그대로 면피용 보고서였다. 후임 부사 이정암이 남긴 기록은 실록과 '아주 많이' 차이가 난다.

'지난해 왜변 이후 왜구가 대거 쳐들어온다는 말이 크게 떠돌았다. 전임 부사 노준은 '대처가 잘못되었기 때문에' 간관들이 탄핵하여 파면시키고 내가 임명됐다.'[113]

노준이 흉흉한 민심을 잠재우지 못해 파면됐다는 말이다. 때는 국가적 위기 상황이었지만 정부는 위기를 은폐하기에 급급했다.[114]

전쟁이 임박한 조선 민간에서 벌어진 두 가지 풍경에 대하여

'서울 선비들이 백 명 천 명 떼로 미친 짓을 하는데, 해괴하기 짝이 없다. 무당 흉내를 내면서 노래하며 춤추기도 하고, 장사 치르듯 껑충거리고 흙을 다지기도 하며, 동서로 달렸다 웃었다 울었다 하였다. 저희끼리 큰 소리로 묻고 답하기를 "장상將相들이 제대로 된 사람이 아니어서 웃는다. 국가가 위태롭고 망해 가고 있어서 우는 거다" 하며 하늘을 쳐다보며 크게 웃곤 했다.'[115]

바다 건너편에서 몰아닥치는 광기에 많은 사람이 넋을 놓았다. 영의정 이산해 아들 이경전도 있었고 우의정 정언신 아들 정협도 있었다. 저렇게 덜떨어진 자들만 있었다면 나라 꼬라지는 언급할 가치도 없었을 것이다.

그런데 이런 사람들도 있었다. 정여립은 1585년 고향 전주로 내려와 조직을 만들었다. 무반武班은 물론 천민까지 모아서 대동계라는 조직을 만들었다. 매달 보름이면 대동계는 진안 죽도에 모여 궁술을 훈련하고 무예를 닦았다. 손죽도 왜변 때 전주 군사가 모자라자 정여립이 이끄는 대동계 병사들이 전투를 맡았다.[116] 나주에 있던 김천일은 왜변 소식을 듣고 스스로 마술馬術과 궁술을 익혀 제자들에게 병마兵馬를 훈련시켰다. 남원 선비 안영은 칼을 사서 보관하였고, 유팽로라는 선비는 대장간을 만들어 날마다 무기를 만들고 군복을 제작하며 군량미 수백 석을 비축했다. 1591년 금산 대둔산을 찾은 조헌은 "내년에 필히 왜란이 있으니 같이 싸우자"고 승려들과 결의했다.[117]

이들이 의병장들이다. 안영과 유팽로는 또 다른 의병장 고경명 부대에 합류해 의병을 일으켰고, 김천일은 나주에서 거병했다. 조헌 또한 전쟁이 일어난 그해 5월 옥천에서 거병했다. 전쟁이 터지고 불과 한 달 사이이다. 전쟁이 터지자 기다렸다는 듯이 전국 팔도에서 일어난 의병은 '준비된' 군사들이었지 분노와 애국심만으로 일어난 나약한 지식인들이 아니었다.[118] 경상도의 곽재우와 함께 고경명·김천일·조헌은 임진4충신壬辰四忠臣이라 불린다.

자만과 미숙함이 초래한 황당하기 이를 데 없는 용인 패전에 대하여

1591년 여름 부산포 왜관에 머물던 왜인 수십 명이 점차 본국으로 돌아갔다. 마침내 한 관館이 텅 비게 되니 사람들이 이를 이상하게 여겼다.[119] 문득,

조선에 체류하던 왜인이 모두 철수했다. 그리고 1592년 4월 13일, 마침내 전쟁이 터졌다.

전라도에 집중돼 있는 조선군을 피해 일본군은 부산포로 상륙했다. 부산과 동래 민관군이 전멸했다. 4월 28일 순변사 신립이 지휘한 8,000여 조선군이 충주에서 전멸했다. 기병술에 능했던 신립은 요새지인 문경새재를 버리고 평지를 택했다. 충주벌 논은 진흙탕이었다. 일본군은 조선군이 방치한 텅 빈 새재를 '노래하고 춤추며 통과해'120 흙탕에 빠져 있는 조선군을 도륙했다. 선조는 수도를 버리고 명나라를 향해 야반도주했다. 한성 성민은 경복궁에 불을 질렀다.

그리고 6월 용인에서 6만 조선군과 일본 해군 장수 와키자카 야스하루脇坂安治의 1,600여 일본군이 맞붙었다. 조선군은 하삼도(충청·전라·경상)에서 모집된 병력이었다. 지휘관인 삼도 관찰사 김수, 이광, 윤선각이 평안도 용천에 있는 선조에게 보고서를 올렸다. '싸울 계책을 조정에서 알려 달라'는 것이었다. 농사짓다 소집된 6만 오합지졸보다 더 전쟁을 모르는 지휘관들이었다. 그럼에도 총사령관 이광은 아군 병력 규모에 자만했고, 적군 전투력에 무지했다.

'밥 짓는 연기가 올라갈 때 적병이 산골짜기를 따라 공격했다. 흰 말을 타고 쇠 가면을 쓴 장수가 칼날을 번뜩이며 앞장서니, 충청 병사 신익이 먼저 도망했다. 10만 군사가 차례로 무너져 흩어졌다. 그 형세가 마치 산이 무너지고 하수가 터지는 듯하였다. 모두 단기單騎로 남쪽을 향하여 도망하니, 적병 역시 추격하지 않았다. 병기와 갑옷, 마초와 양식을 버린 것이 산더미와 같았는데

서기 1592년 4월 충주에서 벌어진 탄금대 전투는 임진왜란 초기 조선의 실상을 적나라하게 보여 준 전투였다. 문경새재의 전략적 중요성을 팽개치고 조총 부대를 무시한 탓에 조선 육군은 궤멸됐다. 사진은 전쟁 후 건설한 새재 2관문이다. 두 달 뒤 용인에서 벌어진 또 다른 전투에서 6만 조선군은 1,600명에 불과한 일본군에 '산이 무너지듯' 또다시 궤멸됐다. 전투력과 전술을 감안하지 않았고, 전쟁하는 법을 생각하지 않은 탓이다. 기록에 따르면, 그때 조선 백성은 '골짜기에 숨어 있다가 밤에 나와 조선군이 버리고 간 옷과 쌀을 주워 모아 생계를 유지했다.'

부산에 있는 충렬사. 임진왜란 때 순절한 민간인과 군인들을 모신 사당이다.

적이 모두 태워 버리고 떠났다.'[121]

류성룡은 이리 적었다.

'문관 3인이 군사를 봄놀이하듯 하니 어찌 패하지 않겠는가.'[122]

기억나지 않는가. 5년 전 고흥 앞바다에서 달아났던 그 용렬한 지휘관들이. 선조는 며칠 동안 입 밖에 꺼내지 않았던 명나라 망명 계획을 다시 언급하기 시작했다.

광기가 초래한 민간의 희생에 관하여

도요토미 히데요시의 광기에 조선은 물론 일본 민간인도 큰 고통을 겪었다.

'15만 일본 병사 가운데 5만 명이 죽었다. 전사자는 소수고 대부분 과로, 기아, 추위, 질병으로 죽었다.'[123]

'징용된 일본 남자 중에는 불안과 고민으로부터 벗어나기 위해 칼을 뽑아 할복하는 사람들이 많이 나왔고, 여자들은 아비나 남편을 못 만나리라 여기고 울며 슬퍼하였다.'[124]

하지만 조선과 비교할 수는 없다. 조선은 임진왜란 7년 동안 말 그대로 미친 짓이 벌어진 전쟁터였다. 민간 희생은 말하기도 끔찍하다.

예컨대, 거지처럼 산 사람들.

'용인전투 현장에는 활과 화살, 칼, 창, 곡식, 의복, 장식이 낭자하게 버려져 개울을 메우고 골짜기에 가득하여 이루 다 기록할 수 없었다. 산골짜기에 숨었던 촌민들 가운데 밤을 틈타 이를 주워 생계를 유지하여 산 자가 매우 많았다.'[125]

또는 거지처럼도 살지 못한 사람들.

'거지가 매우 드물다. 두어 달 사이에 다 굶어 죽었기 때문에 걸식하는 사람이 보기 드물다고 한다. 혼자 가는 사람이 있으면 산짐승처럼 거리낌 없이 쫓아가 죽여 잡아먹는다니 사람 씨가 말라 버리겠다.'[126]

평양전투에서 패전한 고니시 유키나가 부대는 한성 도성 백성을 모조리 죽

2005년 5월 부산 지하철 공사 중 나온 동래성 전투 희생자 유골. [동래읍성임진왜란역사관]

였다.[127] 한마디로 지옥이었다. 히데요시의 광기는 자기 백성을 도탄에 빠뜨렸고, 조선 백성을 바닥없는 지옥으로 떨어뜨렸다. 전쟁터가 한반도 안에 있는 한, 이겨도 피해는 넓고 깊다.

지금, 어떻게 전쟁을 치를 것인가. 광기狂氣는 임진년보다 강하다. 전선은 대한민국에 초집중돼 있다. 지도부 자세는 어떠한가. 자신하는가, 혹은 자만하는가. 어떤 무기와 어떤 전술로 광기에 대적할 것인가. 눈 덮인 문경새재 혹은 꽃 피고 새 우는 문경새재와 눈부신 단풍 너울 속 새재를 걸으며 생각해 보라. 땅의 역사

03 문서 한 장으로 사라진 둔지미 마을

'일본은 조선 땅 어디든 군사 목적으로 수용할 수 있다'
(1904년 '한일의정서')

대한민국 정부에 반환된 서울 용산공원 원래 이름은 둔지미다. 용산이 아니라 둔지산이라는 산이 있었고 그 아래에 마을이 있었다. 동부이촌동에 나 있는 철길에는 건널목이 있다. 건널목 이름은 '돈지방'이다. 둔지미 마을 행정명인 '둔지방'이 세월 속에 변형돼 돈지방이 되었다. 마을은 사라지고 남은, 그 둔지미 마을 이야기.

'일본군이 서빙고와 둔지미, 이태원 등 12개 동 토지에 말뚝을 박았다. 이미 내부內部와 약정이 된 사안이지만 내부는 주민에게 이를 알리지도 않았고 집행 예고도 없었다. 때가 이르러 일본군에 쫓겨난 주민이 동별로 수천이니 하루아침에 집도 밭도 없는 신세가 되어 거리에서 통곡을 했다. 파헤쳐진 무덤 또한 백 군데가 넘었다. 하늘을 찌르는 원망으로 만민이 함께 내부에 고발했지만 관리들과 백성 사이 싸움이 벌어져 사무실 유리창이 돌에 깨지고 내부대

서울 용산구 동부이촌동 경원선 용산역과 서빙고역 사이에 있는 이 건널목 이름은 '돈지방'이다. 조선 후기 이 일대 행정명 '둔지방(屯之坊)'이 변형된 명칭이다. 조선시대 이 지역은 '둔지방'이었고 현 한강대로 서쪽 지역은 '용산방(龍山坊)'이었다. 각각 해당 지역 최고봉인 '둔지산'과 '용산'에서 유래된 명칭이다. 1904년 한일의정서에 의거해 둔지방에 주둔한 일본군은 새롭게 형성된 신시가지 전 지역을 '용산'이라 불렀고, 그 과정에서 '둔지산'은 기억 속에서 사라졌다. 둔지산 기슭에 있던 마을 '둔지미'와 그 주민들에 대한 기억도 실종됐다.

신 이지용은 뒷문으로 도주했다.'[128]

도대체 무슨 일인가. 대한제국 '행정자치부'가 제국 영토 그것도 제국 수도 한성 남쪽 12개 동에서 난동한 외국군을 방치하고 이를 고발하는 주민들을 피해 장관이 도망가다니. 바로 러일 전쟁 개전 직후 한일 두 제국 사이에 체결된 '한일의정서'와 이를 체결한 고종 정권과 이로 인해 날벼락을 맞고 사라져버린 용산 둔지미 마을 이야기다.

기습적인 '중립선언'

동아시아를 넘어 근대 세계 강국이 된 일본과 태평양을 향해 동진정책을 벌이던 러시아는 충돌이 필연적이었다. 그 사이에 낀 대한제국이 살길은 중립 혹은 한쪽에 연합하는 길밖에 없었다. 고종 정권은 중립을 택했다. 1903년 내내 고종은 각국 주재 제국 공사를 통해 '러일 전쟁이 터지면 대한제국은 중립을 지킨다'는 뜻을 전달하고 지지를 요청했다. 일본과 러시아에 주재하는 공사들도 마찬가지였다. 하지만 잠재적 전쟁 당사국인 러일 양국은 이를 거부했다. 결국 고종은 '일본과 러시아가 전쟁을 하면 본국은 관계하지 않고 중립을 지킨다'고 공식 선언했다.[129]

그리고 이듬해 1월 21일 중국 지푸芝罘에서 고종이 보낸 특사가 전시중립 전보를 각국에 타전했다. 내용은 이러했다.

'…한국 정부는 황명을 받들어 엄정중립을 선언한다.'[130]

전쟁에 임박해 대한제국을 병참기지로 이용하려던 일본에게는 말 그대로 불의의 한 방이었다. 그러나 전혀 대미지가 없는 주먹이었다. 황제의 선언에 그 어느 국가도 동참하지 않은 것이다.

외면당한 중립선언

이유가 있었다. 무엇보다 군사력이 중립을 지켜 주지 못했다. 그렇게 많은 무기를 수입하고 군사예산을 투입했지만 대한제국은 '무기제조창을 설치한 지 20년이 넘었음에도 총알 한 개 주조하지 못했다.'[131] 또 제국 건국 2년 뒤인 1899년부터 1904년까지 6년 동안 군부대신이 스물다섯 번이나 바뀌었다.[132] 그래서 '장수는 병사를 모르고 병사는 장수를 모를 정도로' 군기가 약해져 전쟁은커녕 중립 유지도 불가능할 정도였다.[133] 이런 상황을 당시 러일 전쟁 종군기자 F. 매켄지는 이렇게 묘사했다.

"당신들이 자신을 보호하지 않는데 남이 보호해 줄 턱이 있는가."[134]

정부 관료들조차 국가 운명을 두고 극단적으로 대립했다. 중립선언을 주장하는 중립파와 일본과 연합하자는 밀약파가 목숨을 걸고 갈등했다. 중립파는 아관파천 이후 친러노선을 걷던 고종과 고종 최측근 이용익이 핵심이었다. 밀약파는 외부대신 이지용과 군부대신 민영철이 주도했다. 이지용은 직접 주한 일본공사 하야시 곤스케에게 접근해 '운동비' 1만 엔을 수뢰했다. 원수부 회계국총장 이근택도 가세했다. 이들은 하야시에게 "의정서 체결에 목숨을 걸겠다"고 맹세할 정도였으니[135] 단순한 정책 갈등을 넘어 사욕私慾이 국익을 넘은 대표적인 매국노들이라 하겠다.

공(公)과 사(私)의 양다리, 고종

'황제 폐하께서 망명자들 때문에 괴로워하시고 계시다 하여 저들을 변경 깊숙한 곳에 보내서 엄중하게 구속해 둘 터이니 명단을 폐하께서 교시해 주시기 바랍니다.'

1903년 12월 27일 일본 외무대신 고무라 주타로小村壽太郎가 주한 공사 하야시에게 보낸 전문이다. 고무라는 "이런 내용을 황제에게 알려 달라"고 주문하며 한마디 덧붙였다.

"필요하다면 상당한 금액을 증여하는 것도 무방하므로 이유와 금액을 알려 달라."[136]

본질적인 원인은 황제 자신이었다. 고종은 1895년 민비 암살 사건 직후 아관으로 파천한 이래 민비 암살 복수에 집착하고 있었다. 일본은 바로 이 심리를 이용하고자 일본에 망명해 있던 암살범들 처리를 미끼로 던진 것이다. 다음 날 공사 하야시는 "망명자 처리에도 고종이 요지부동이면 경성에서 무력시위를 해 달라"고 고무라에게 주문했다.[137]

고종은 즉시 '일본법으로 망명자 엄중 처벌', '대한제국 황실 안전과 독립', '대한제국 영토 특히 수도 한성의 안전 보장'을 조건으로 외부대신 이지용에게 의정서 협상 개시를 명했다. 그리고 암살범 우범선을 죽인 고영근에 대한 관용 또한 요구했다.[138] 이듬해 1월 4일 고영근이 특사로 풀려나자 고종은 이지용을 통해 암살집단 27명 명단을 일본에 통보하고 이 가운데 주범인 이두황과 권동진은 국내 송환을 요청했다. 이틀 뒤 하야시는 이지용과 민영철, 이근택에게 1만 엔을 뇌물로 제공했다.

1월 18일 의정서 초안이 나왔다. '망명자에 대한 상당한 제재'가 조항에 삽입됐고 '전쟁 수행에 대한 대한제국 정부의 충분한 편의 제공' 조항이 들어갔다. 그런데 다음 날 일본 측은 '망명자 조치' 조항을 본문에서 삭제하고 하야시 공사의 공문公文으로 보장하기로 방침을 바꿔 버렸다.

다시 말해서, 고종은 공인公人으로서는 중립을 고집하면서도 사인私人으로서는 개인적인 원한 때문에 중립과 배치되는, 일본 측 밀약 체결에 응하는 모습을 보인 것이다. 그리하여 1월 21일, 양립 불가능한 중립과 밀약 사이에서 고종은 '황제 본인이 아닌' '외부대신 명의'로 '중국에서' '실현 불가능한 중립'을 선언해 버렸다. 그러자 전쟁을 위해 한반도를 무단 점령한 일본군이 하야시가 주문했던 '경성 무력시위'를 벌였고 고종이 원하던 '망명자 처분' 조항은 삭제

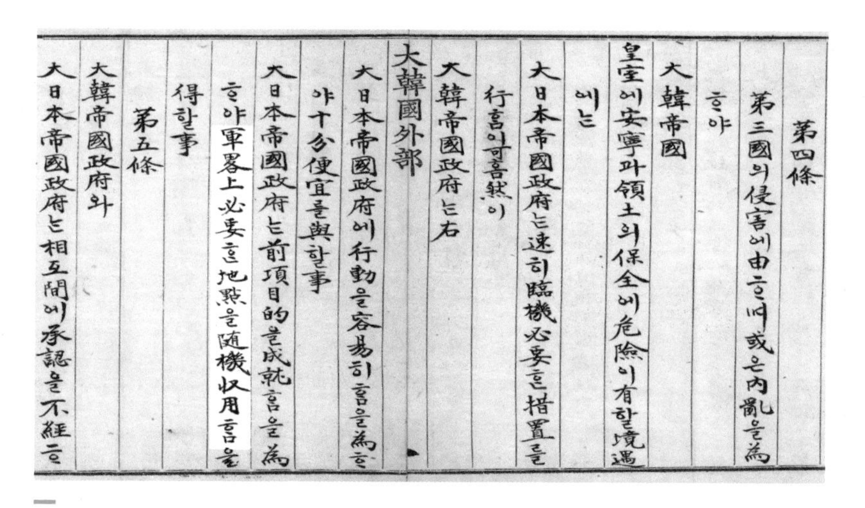
第四條
第三國의侵害에由ᄒᆞ며或은內亂을爲
ᄒᆞ야
大韓帝國
皇室에安寧과領土의保全에危險이有할境遇
에는
大日本帝國政府ᄂᆞᆫ速히臨機必要ᄒᆞᆫ措置를
行ᄒᆞᆷ이可ᄒᆞᆷ然이
大韓帝國政府ᄂᆞᆫ右
大韓國外部
大日本帝國政府에行動을容易히ᄒᆞᆷ을爲ᄒᆞ
야十分便宜를與할事
大日本帝國政府ᄂᆞᆫ前項目的을成就ᄒᆞᆷ을爲
ᄒᆞ야軍略上必要ᄒᆞᆫ地點을隨機收用ᄒᆞᆷ을
得할事
第五條
大韓帝國政府와
大日本帝國政府ᄂᆞᆫ相互間에承認을不經ᄒᆞ

'한일의정서'(1904) 제4조. '대한제국 정부는 일본제국 정부 행동에 편의를 제공하고 대일본제국 정부는 이를 위해 군사 목적상 필요한 지점을 〈마음대로(隨機·수기)〉 수용할 수 있다'라고 규정돼 있다. [국사편찬위]

돼 버리고 '대일본제국이 군사상 필요한 지점을 수용할 수 있다'는 한층 강화된 조항이 본문에 삽입돼 버렸다.

그 조항 그대로, 1904년 2월 23일 러일 전쟁 개전 직후 '대한제국'과 '대일본제국' 사이에 한일의정서가 체결됐다. 2월 28일 고종은 고종 본인과 두 아들인 황태자와 영친왕 이름으로 러일 전쟁 군자금 명목으로 일본에 백동화 18만 원을 기부했다.[139] 그리고 3월 22일 방한한 일본 특파대사 이토 히로부미는 고종에게 30만 엔이 입금된 제일은행 경성 지점 통장을 헌납했다.[140]

슬픈 둔지미 마을

한일의정서에 의거해 일본군은 대한제국 각지 1,000만 평을 '마음대로' 수용했다. 그 가운데 '성저십리城底十里'라 불리는 한성 바깥쪽 '둔지방屯之坊'이 있

용산공원의 터 미군 드래곤힐즈 호텔 정원에 있는 둔지미 마을 흔적. 신분이 높았음 직한 무덤 석물들을 미군 측이 호텔 앞에 세워 놓았다.

다. 일부 개방된 용산공원 부지다. 부지 한가운데에 둔지산이 있다고 해서 이 마을을 '둔지미'라 불렀고 행정명은 둔지방이 되었다. 원래 용산龍山은 현 마포대교 쪽에 있다. 그쪽 행정구역은 '용산방'이었다. 용산 기슭 용산방과 둔지산 기슭 둔지방은 엄연히 다른 지역이었다. 일본군이 신시가지를 형성하면서 둔지방과 용산방은 용산이라는 명칭 하나로 합쳐졌다. 둔지방은 동부이촌동 철길 '돈지방 건널목'처럼 관습적인 명칭으로만 남아 있다.

용산공원 터에는 대한제국 정부에 외면당하고 일본제국 폭력 속에 고향을 떠난 둔지미 마을 추억이 파편처럼 흩어져 있다. 일본군이 직선화한 옛길도 남아 있다. 개울도 남아 있다. 둔지산 기슭에 있었을 무덤가 석물石物들도 미군이 보존해 놓았다. 서글프지 않은가. 글로 표현하기 힘든 옛 권력자들에 대한 배신감. 땅의 역사

04 연평도 소나무와 신미양요

그날 戰士들에게 무슨 일이 벌어졌는가

두 전투

1989년 8월 13일 광주에서 태어난 서정우는 무탈하게 고등학생이 되었다. 이후 학교를 중퇴하고 검정고시로 단국대 천안캠퍼스 법학과에 입학한 뒤 2학년인 2009년 대한민국 해병대에 입대했다. 2010년 11월 23일 근무지인 인천광역시 연평도에서 '민주주의'와 '인민'을 국명에 갖다 붙인 북한군 포격에 전사했다. 석 달이 지난 2011년 2월 어느 날, 전사지를 순시하던 연평부대 신임 부대장 대령 백경순이 언덕에 서 있는 소나무에 꽂혀 있는 독수리 모표를 발견했다. 서정우가 포탄에 맞던 순간 해병대원 정모에서 튕겨 나간 모표였다.

1871년 6월 1일 강화도와 김포 사이 좁은 염하鹽河로 진입하던 미합중국 극동함대 모노카시호에 해협 양쪽 진지에서 조선 수군이 포격을 퍼부었다. '남북 전쟁 때도 겪지 못했던' 엄청난 포격에 미 해병대는 순식간에 위축됐으나 단 한 발도 모노카시호에 닿지 못했다. 사정거리가 짧았다. 게다가 조선군

연평도 산기슭에 있는 '서정우 소나무'. 2010년 연평도 포격전 당시 전사한 하사 서정우의 모표가 포격 충격에 날아가 소나무에 꽂혀 있다.

이 무장한 대포는 상하좌우로 포신을 움직일 수 없는 고정식이었다. 목표가 조준 거리와 위치를 벗어나면 무용지물이었다. 미 군함은 염하 초입 초지진을 포격으로 아수라장으로 만들었고, 해병대가 진지를 상륙해 점령했다. 그때 미군 포격에 상처 입은 소나무 한 그루가 150년을 살아남아 지금도 초지진 성벽 아래에 서 있다. 근 150년을 격세隔世한 두 전투와 소나무 이야기.

2010년 11월 23일 오후 2시 34분

맑은 날이었다. 연평도 사람들은 바다로 나갔거나 밭으로 갔거나 갯벌로 나갔다. 선착장은 하루 두 번 인천에서 들어오는 배를 기다리는 사람들로 붐볐다. 그 가운데 휴가를 떠나는 해병대 병장 서정우도 있었다. 서정우는 단국대 천안캠퍼스 법학과를 1년 다니다 입대한 광주 청년이었다. 제대 날짜가 12

월 22일, 그러니까 꽉 찬 한 달밖에 남지 않은 '낙엽도 조심해야 하는 반 민간인'이었다.

대한민국 국군에게는 연례적인 한미 합동 훈련이 예정돼 있는 날이었다. 오전 10시 15분부터 연평부대는 K-9 자주포와 105밀리미터 견인포, 벌컨포 같은 복합화기 3,960발을 발사하는 훈련을 했다. 훈련은 오후 1시 30분 무렵 끝났다.[141]

한 시간 뒤 또 다른 포성이 울렸다. 소리도 달랐고 방향도 달랐고 탄착 지점도 이상했다. 해상이 아니라 섬 안에 있는 마을이었다. 선착장에 있던 사람들이 연기를 보며 소리쳤다.

"저거 누구 집 근천데…."

주민 김영순이 말했다.

연평도 포격전 당시 피격된 민가. 안보교육장으로 보존돼 있다.

"밭에서 일하는데 포 소리가 엉뚱하게 들리는 거다. 무슨 일인가 봤더니 마을이…."

포성은 끝없이 울렸다. 선착장에서 항구 건넛마을에는 검은 연기가 안개처럼 자욱했다.

북한이 발사한 포탄 150여 발 가운데 60여 발이 섬 곳곳에 떨어졌다. 오후 2시 47분 연평부대는 K-9 자주포 80여 발을 북쪽 진지에 발사했다. 그리고 30분이 지난 오후 3시 12분, 이번에는 북한이 연평도 남쪽으로 20여 발 포탄을 발사했다.

면사무소와 우체국, 파출소가 정확하게 피격됐고 민가들도 불탔다. 뭍에서 들어와 부대 시설 공사를 하던 민간인 두 명과 '전사戰士' 두 명이 죽었다. 서정우도 그중 한 명이었다.

전사 서정우의 복귀와 죽음

상황 파악이 제대로 되지 않았던 주민들은 웅성대기만 했다. 하지만 주민들이 '전사'라고 부르는 연평도 군인들은 달랐다. 즉각 부대로 복귀했다. 말년 병장 서정우도 복귀했다. 휴가 전사들을 인솔한 부사관과 함께 서정우와 동료들은 부대 차량으로 연평도 안에 지정돼 있는 '핫포인트'로 이동했다. 핫포인트는 섬 안에서 각 부대와 최단 거리에 있는 고지대다. 차량에서 내린 군인들은 소속 부대로 복귀하기 시작했다.

핫포인트에서 소속 중화기 부대로 복귀하던 도중 포격이 또 시작됐다. 부대 주변 산 곳곳이 불타고 있었고, 파편이 공중에 흩어졌다. 대피하기 위해 방공호로 뛰어가는 순간, 파편이 병장 서정우를 직격했다. 또 다른 전사인 일병

문광욱도 소속 부대로 복귀하던 중 가슴에 파편을 맞고 전사했다.

그날 오후 6시 32분, 당시 서정우가 사용했던 '싸이월드' 게시판에는 서정우 친구가 쓴 포스트가 이렇게 남아 있었다.

'정우야 방금 뉴스에서 들었는데 설마 너 아니지? 그렇지?'

제대를 한 달 남겨 놓은 말년 병장이었다. 시신은 그날 밤에야 모두 수습했다.

섬에 남은 흔적들

전쟁은 비극이다. 비극을 막으려는 존재가 군인이다. 전쟁을 막기 위해 전쟁을 준비하고, 그래서 평화를 지킨다.

연평도는 전쟁을 막기 위한 전쟁의 최전선이다. 북쪽 망향전망대에 오르면 황해도 소속 섬들이 보인다. 가장 가까운 석도는 거리가 3킬로미터다. 그 뒤로 연평도를 포격했던 황해도 개머리진지도 어슴푸레 보인다. 가운데 바다에는 검은 중국 어선들이 오간다. 남쪽에는 연평도 포격 사건 전사자와 제2연평해전 전사자들을 기리는 평화공원이 있다. 마을 공설 운동장 외벽에는 커다랗게 구멍이 뚫려 있다. 면사무소 옆 골목에는 그때 폐허가 된 민가가 안보교육장으로 보존돼 있다.

포격 후 석 달이 지난 2011년 2월 연평부대 지휘관이 서정우 전사지를 찾았다. 그가 쓰러졌던 언덕배기 옆에 있는 소나무에 낯익은 금속이 꽂혀 있었다. 서정우 정모에 붙어 있던 독수리 문양, 해병대원들이 '독수리 앵커'라 부르

연평도 평화공원에 있는 하사 서정우(1989~2010) 부조상.

는 모표였다. 포탄 파편에 서정우가 피격되면서 그 충격에 날아가 소나무에 꽂혀 버린 것이다. 그제야 부대원들은 왜 부대에 보존돼 있는 서정우 정모에 독수리 앵커가 없는지 알게 됐다. 이후 연평부대는 옹진군과 협의해 소나무 모표 주변에 플라스틱 캡을 씌우고 그 아래에 동판과 안내판을 설치했다.

군인이, 전사가 전쟁에서 죽으면 영광이다. 그런데 그 영광이 극적으로 시각화돼 있는 소나무 앞에서 많은 사람이 운다. 왜 우는지, 다 큰 어른들이 왜 이 스물한 살 먹은 전사가 남긴 모표 앞에서 우는지 연평도에 가 보면 안다.

1871년 어재순의 죽음과 신미양요

150년 전 6월 1일 강화도에서 조선군과 미군이 맞붙은 전투가 신미양요

辛未洋擾다. 양국에 상처만 남긴 전투였다. 1871년 여름날 벌어진 전투에서 조선군은 실질적으로 참패했다. 통상을 요구하던 미군 또한 통상이 거부되면서 전투 목적을 달성하지 못하고 후퇴했다. 미국 극동함대는 674명이 탄 사령선 콜로라도호와 273명이 탄 알래스카호를 비롯해 다섯 척으로 구성됐다. 강화도 상륙용 병력은 보병대, 해병대와 포병대, 공병대, 의병대까지 12개 중대 651명이었다.[142]

이미 1866년 프랑스군과 병인양요를 치를 당시 대원군 정부는 전근대적이었다. 나름대로 군비를 강화했지만 역부족이었다. 조선군은 한여름에 '아홉 겹 솜으로 누빈' 방탄복 면제배갑綿製背甲을 착용했고, 방탄복은 강선을 타고 날아오는 미군 소총 탄알을 막지 못했다. 오히려 누빈 솜을 뚫지 못한 일부 탄알은 솜 속에서 발화해 조선 전사들을 끔찍한 고통 속으로 몰아넣었다.

강화도 최전방인 초지진은 미 해병대가 쏴대던 곡사포에 무기력했다. 하늘에서 떨어지는 포탄에 진지는 삽시간에 아수라장이 됐다. 아수라장이 된 진지 속에서 아직 화승총에 불을 붙이지 못한 조선군은 성벽 위에서 적을 향해 제대로 조준조차 하지 못했다. 백병전이 벌어졌으나 이미 전세는 절대적으로 미군 쪽으로 기울어 있었다. 강화도 최전방 초지진이 그렇게 뚫렸다. 다음 부대인 덕진진은 무혈 점령됐다. 그다음 방어선인 광성보는 '장엄하고 처절한 조선군의 전멸' 현장이었다.

그때 광성보에 달려온 사람이 당시 사령관 어재연의 동생 어재순이었다. 벼슬과 상관없이 살던 동생에게 군인인 형이 거듭 묻는다.

"벼슬하지 않는 선비로 어찌 여기 있느냐?"

동생이 이리 대답한다.

"충성에 귀천이 없고, 형님이 살아 나올 길 없는 곳에 있는데 홀로 갈 수가 없다."[143]

그렇게 모두 죽었다. 처참하되, 미군이 '아무런 두려움 없이 제자리를 지키며 영웅적으로 죽어 갔다'고 기록한 장엄한 죽음이었다.[144] 초지진에 있는 늙은 소나무에는 그때 미군 포격에 맞은 흔적이 남아 있다.

잊힌 전쟁, 잊혀 가는 역사

'바다의 경계가 편치 않아서 봉화 연기가 여러 번 경계를 하나 나라에는 막아 낼 계책이 없으니 여기에 미쳐 이를 생각하면 참으로 한심하다.'[145]

1871년 신미양요 당시 종군 사진가 펠리스 비아토가 촬영한 광성보 전투 종료 직후 장면. [폴게티 박물관]

강화 덕진진에 있는 외국 선박 경고비.

1871년에는 그랬다. 국경을 이양선이 수시로 침범하는데, 나라에서는 막을 힘이 없었다. 병인양요 이듬해인 1867년 대원군은 덕진진에 경고비를 세웠다.

'海門防守他國船愼勿過(해문방수타국선신물과: 바다 관문을 지키고 있으니 타국 배는 통과 금지)'

몇 글자 새긴 돌덩이로 관문이 지켜지는가. 역사를 상기하는 이유는 실천적 교훈을 삼기 위함이다. 정신적 승리감으로 포장해 버린 군비軍備 소홀로 이 땅에 무슨 일이 벌어졌는지 우리는 안다.

비석이 서 있는 덕진진은 미군에 의해 무혈 점령됐다. 신미양요 첫 전투 현장인 초지진은 4년 뒤인 1875년 12월 일본 군함 운요호와 상륙선, 이렇게 딱 두 척에 의해 초토화가 됐다. 1873년 친정을 선언하고 아버지 대원군을 퇴출시킨 고종이 강화도 주력 부대인 진무영을 예산과 병력과 무기까지 감축해 버린 결과다. 기억이 희미해지면 추억도 없고 역사도 없고 미래도 없다. 땅의 역사

05 총을 든 선비 박상진

"무장 투쟁으로 국권을 회복하고 공화국을 세운다"

경주 세금 마차 강도 사건

1915년 12월 26일 일요일 총독부 기관지 『매일신보』를 받아 든 사람들은 깜짝 놀랐다. 그중에는 쾌재를 부른 사람도 있었고 충격을 받은 사람도 있었다. 기독교 성탄절 기사 가운데에 실린 사건의 기사 제목과 내용은 이러했다.

'경주 아화阿火에서 관금봉적官金逢賊 팔천칠백 원 분실 - 도적은 조선 사람'

'…이십사 일 오전 인시 사십 분에 경주를 출발해 대구로 배송될 관금 팔천칠백 원의 행낭이 경주 아화간에서 분실된 대사건이 있더라.'[146]

조선인 강도가 경주에서 세금 수송 마차를 털어 8,700원을 강탈해 갔다는 것이다. 1915년은 일본이 조선을 식민지로 만든 뒤 조선 총독부 시정施政 5주년을 대대적으로 기념한 해였다. 석 달 전 총독부는 경복궁을 허물고 조선물

울산광역시 북구 송정동 355번지는 1910년대 무장투쟁 조직 대한광복회를 지휘한 박상진 의사 생가다. 도로명 주소는 울산광역시 북구 '박상진길 23'이다. 어릴 적 울산을 떠났던 증손자 박중훈은 지금 그 생가를 지키며 증조 박상진을 기리며 산다. 대청마루 뒤쪽에 박상진 초상과 그가 남긴 <옥중 절명시>가 걸려 있다. 시는 '이룬 일 하나 없이 가려 하니 청산이 조롱하고 녹수가 찡그린다'로 끝난다.

산공진회를 열어 식민 근대화를 과시하기도 했다. 그런데 그 '경사스러운 해'에 조선 강도에게 세금을 뜯겨? 그해 경성 숙련 목수 일당은 76전이었고[147] 이 목수가 연 200일 일을 한다고 했을 때 연봉이 152원이니, 목수 60명 연봉에 달하는 세금을 강탈당한 것이다.

태평양 전쟁이 터지고, 일본 천황이 항복하고 조선이 해방된 뒤까지도 이 강도들은 잡히지 않았고, 사건은 영구 미제로 남았다. 사건 후 30년이 지난 1945년, 마침내 그 강도범 친척이 전모를 밝혔다. 내용은 이러했다.

'…권영만은 환자로 변장하고 마부에게 부탁해 우편 마차를 빌려 탔으며 우재룡은 효현교 천변에서 다리를 부숴 놓고 대기하다가 마차가 물을 건너는 사이에 마차에 올라타…'

그리고 사건의 주범主犯을 이렇게 명기했다.

'이는 박상진 씨의 명령에 의해 이뤄진 일이었다.'[148]

박상진은 평소 동료 무리에게 거듭 말했다.
"중국 동삼성東三省에서 병사를 양성해 국권을 회복하고 공화국을 세운다."
이 강도범, 대한광복회 총사령 박상진에 대한 이야기다.

암울했던 1910년대 무단정치

1910년 8월 29일, 총성 한 번 울리지 않고 나라가 사라졌다. 수많은 지사가 저마다 길을 제시하며 망국을 피하려 했지만, 대한제국 황실은 망국을 택하고 말았다. 황실은 일본 왕족王族과 공족公族으로 살아남아 신분과 재물을 그대로 소유했다.

'한일병합조약'에 도장을 찍은 조선 통감 데라우치 마사타케는 초대 총독으로 취임하며 무단통치를 실시했다. 헌병 사령관이 경무 총감을 겸직하고, 헌병과 경찰은 범죄 즉결처분권부터 민사소송조정권까지 폭넓은 권한을 가졌다.

그런 엄한 상황에서 많은 사람이 만주로 건너갔다. 감시를 피해 '독립전쟁'을 위한 기지를 해외에 건설하겠다는 것이었다. 국내에서는 천도교와 대종교, 기독교 같은 종교단체와 신민회新民會를 비롯한 각종 비밀결사 조직이 생겨났다.

봉건 조선을 부활하려는 복벽파復辟派는 사실상 소멸했다. 1908년 유학자 이기李沂는 "농사꾼도 못 되고 상인과 공인도 못 되고 선비 노릇도 제대로 하지 못한 우리들은 이미 쓸모없는 사람"이라고 선언했다.[149] 대신 사람들은 공화국을 염원했다. 울산 사람 박상진(1884~1921)은 바로 그 독립공화국을 꿈꾸며 '국내에서' 무장 투쟁을 시도했던 선비였다.

박상진이 권총을 들기까지

다른 이들에 앞서 근대 시대정신에 눈을 뜬 선비들을 '혁신유림'이라 한다. 이들은 현실적으로 엄존하던 노비들을 해방하고 스스로 상투를 자르며, 근대 교육을 실시했다. 총을 잡기도 했다. 안동 혁신유림 허위許蔿(1855~1908)는 1908년 십삼도창의군을 지휘해 서울 진격작전을 벌였다. 그해 경기도 연천에서 체포된 허위는 서울 서대문형무소에서 순국했다. 배후를 묻는 일본 관리에게 허위는 "이등박문이 배후요, 대장은 바로 나"라고 답했다. 허위는 그해 9월 27일 서대문형무소 첫 사형수로 처형됐다.[150]

그의 시신을 수습한 사람이 허위의 제자 박상진이다. 박상진은 1884년 음력 12월 7일, 양력으로는 1885년 1월 22일 당시 경남 울산 송정에서 태어났다. 나이 열여섯에 허위 문하로 학문을 익힌 뒤 스물한 살이던 1905년 서울 양정의숙에 입학해 법률과 경제학을 공부했다.[151]

일본 경찰에 따르면 박상진은 '우국憂國의 생각이 대단히 심각한 데가 있는' 청년으로 성장했다. 양정 재학 시절 많은 사람을 만났다. 선교사 헐버트와도 교류했다. 충청의 혁신유림 김좌진도 만났다. 그 인연이 깊게 이어져, 1921년 박상진이 죽었을 때 김좌진은 '박 의사 상진 씨를 곡함'이라는 만사를 쓰고, 스스로를 '도원결의 20년인 의동생'이라고 칭했다.[152]

1911년 중국을 여행하며 손문의 신해혁명을 몸으로 목격했다. 그리고 만주에서 안동 혁신유림과 신민회가 건설 중인 해외 독립기지도 경험했다. 그해 귀국한 박상진은 아버지 회갑연을 열며 '만주 동지의 실정과 사관 양성 기관을 설명한 뒤 집단이민을 제안했다.'[153] 과연 이민이 급증했다. 총독부에 따르면 1912년 '한일합병에 불평을 품은 계급들에 의한 선동과 교사'로 만주 이민이 급증했다.[154]

"무장 혁명을 한다"

그리고 1915년 8월 25일, 박상진은 인맥과 자금을 기반으로 대구 달성공원에서 '대한광복회'를 결성했다. 그는 '총사령總司令'이었다. 그러니까 단순한

계몽단체가 아닌, 군사조직임을 뜻하는 직책이다.

"각국에서 혁명이 일어났다. 조선에서도 가능하다."[155]

혁명은 1911년 중국 신해혁명을 말한다. 이에 앞선 1905년 제정러시아에서도 제정을 향한 혁명 시도가 있었다. 박상진 안중에 왕정복고는 존재하지 않았다. 혁명을 위한 수단은 무장이었고 무장을 위한 기초는 자금이었다.

'광복회의 목적은 국권을 회복하여 공화정치를 하는 것으로, 그 방법은 조선 내 자산가로부터 금전을 모집하여 군기軍器를 구입함으로 독립을 도모하는 것이다.'[156]

중국 여행 때 반입한 권총 11정이 무장의 기초였다.[157]

광복회 결성 3년 전인 1912년, 박상진은 '동지'라고 불렀던 평양 사람 김덕기, 전주 사람 오혁태와 함께 대구에 '상덕태상회'를 개업했다. 문중이 소유한 대토지도 그에게는 독립 자금이었다. 그렇게 전국에 설립한 상회는 갑인, 이춘, 백산, 평북상회와 충부상회 등이었다.[158] 상회를 통한 무역과 거래로 합법적 자금 축적을 하겠다는 계획이었다.

같은 맥락에서 벌인 작업이 친일 부호를 대상으로 한 '의연금' 모금이었다. 박상진은 동지들에게 이렇게 선언했다.

"비밀과 암살, 폭동과 군령은 우리의 강령이다. 폭동은 현시점에 불가능하니 암살로 미래를 준비한다."[159]

가장 유명한 사건은 전 경북 관찰사 장승원 사건이다. 1917년 11월 광복회는 전 경북 관찰사 장승원을 권총으로 사살했다. 박상진 스승 허위에 의해

慶州阿火間에서 官金逢賊

팔천칠백원분실

도적은죠선사름

今夜의 聖誕祝

1915년 12월 26일 자 『매일신보』 3면. 크리스마스를 알리는 기사 가운데에 '세금 운송 마차 탈취 대사건' 기사가 실려 있다. 군기(軍器)를 마련하기 위해 광복회가 벌인 사건이었지만, 총독부는 광복 때까지 사건 실체를 파악하지 못했다.

경북 관찰사가 됐던 장승원은 훗날 "군자금을 지원해 달라"는 허위 측 요청을 일본에 밀고했던 사람이다.[160] 광복회 회원 채기중과 임봉주, 강순필, 유창순은 장승원을 사살하고 집 대문과 마을 버드나무에 이런 경고문을 붙여 놓았다.

'너의 큰 죄를 꾸짖고 우리 동포에게 경고한다 - 광복 회원'

세금 운송 마차 습격도 자금 모집에 동원된 비합법적 투쟁이었다. 1917년 미국 자본이 운영하던 평안도 운산 금광 현금 마차 탈취 미수 사건도 광복회가 주동했다. 이 사건에 연루된 광복회 만주지부장 이진룡이 체포되자 김좌진이 후임 지부장에 임명돼 만주로 떠났다. 서울 인사동에서 박상진은 김좌진에게 이런 내용의 전별시를 써 주었다.

'칼집 속 용천검 북두까지 빛나니 이른 때 공을 세워 개선가를 부르자.'[161]

1910년대를 살아낸 광복회

부호富豪 가운데 처단 대상을 골라 사살하고 그 현장에 광복회 행위임을 밝혀 놓았으니 광복회는 강도 집단이 아니었다. 성리학과 신문물을 공부하고 대륙으로 간 혁신유림과의 교류 끝에 나온 행동이니 박상진은 단순한 비분강개형 투사도 아니었다. 세상이 갈피를 잡지 못하고 방황하던 1910년대, 광복회는 뒷날 독립운동이 갈 길을 먼저 걸어간 조직이 아니었을까.

결국 1918년 1월 충남 도고면장 박용하가 광복회에 의해 처단되고 현장에

경북 경주에 있는 박상진 의사 묘와 비석.

서 광복회 명의 경고문이 발견되면서 박상진은 경찰에 체포됐다. 1919년 2월 28일 공주지방법원 1심 선고는 다음 날 팔도를 뒤흔든 만세운동으로 전혀 주목을 받지 못했다. 총 여섯 차례 재판을 거쳐 사형이 확정된 박상진은 다른 동료들과 함께 1921년 8월 11일 대구형무소에서 처형됐다.

스승 허위가 서울 서대문형무소 처형 1번이었고, 제자 박상진은 대구형무소 처형 1번이었다. 그가 이리 썼다.

'이룬 일 하나 없이 가려 하니 청산이 조롱하고 녹수가 찡그린다(無一事成功去 青山嘲綠水嚬·무일사성공거 청산조녹수빈).'[162]

'지지리도 가난하게 살다가 울산 생가로 돌아와 사는' 증손자 박중훈이 말한다.

"할아버지 본인은 원치 않았더라도 시대가 원했기에 기꺼이 격랑 속으로 들어가셨다."

그래도 가끔은, 이런 인물이 100년 전 있었음을 기억하면 좋겠다. 땅의 역사

06 정읍 송시열 송우암수명유허비 '독수(毒手)'의 비밀

나라를 망가뜨린 노론 공작 정치의 그늘

조선 후기 서인西人 영수이자 노론계 정신적 지주인 우암 송시열은 1689년 음력(이하 음력) 6월 3일 전북 정읍에서 죽었다. 숙종이 내린 사약을 마시고 죽었는데, 그가 약을 받은 자리에는 비각이 서 있다. 비각 속 비석 이름은 '송우암수명유허비宋尤菴受命遺墟碑', 송시열이 '왕명을 받든 자리'임을 알리는 비석이다. 비문은 훗날 노론 영수가 된 이의현이 1731년에 썼다. 세 번째 줄에 이런 글이 나온다.

'흉악한 무리가 먼저 독이 묻은 손을 뻗쳤다(羣兇先逞毒手·군흉선령독수).'

남인 세력이 송시열을 증오해 선수를 쳐서 죽음으로 몰았다는 뜻이다.

충북 괴산에는 송시열 무덤이 있다. 원래는 경기도 수원에 있었는데 풍수가 사나워 1757년 10월에 이리로 이장했다.[163] 묘 아래 비각 속에는 1779년

전북 정읍에 있는 '우암수명유허비'(부분). 숙종 때인 1689년 송시열이 사약을 받고 죽은 자리에 서 있다.

에 만든 송시열 신도비가 서 있다. 정조가 직접 지은 비문에는 이런 내용이 나온다.

'(병자호란의) 치욕을 씻고자 효종대왕 유악帷幄(최측근)으로서 책임에 힘썼다.'[164]

두 비문을 연결하면 송시열은 북벌北伐이라는 대의를 추구하는 당대 지도자 오른팔로 활동하다가 간신들에 의해 모함을 받고 억울하게 죽었다는 이야기가 된다. 이제 비석에 각인되지 않은 진실을 파헤쳐 보자. 독이 든 손은 누가 먼저 뻗쳤고 북벌은 누가 추진했는지 알아보자. 동서고금을 막론하고 권

충북 괴산에는 조선 후기 노론 영수 우암 송시열 무덤이 있다. 영조 때 경기도 수원에서 이리로 이장된 묘 아래 비각 안에는 정조가 비문을 지은 신도비가 서 있다. '효종이 송시열과 함께 북벌을 추진했다'는 내용이 적혀 있다. 그런데 송시열은 효종을 독대(獨對)한 자리에서 북벌 10년 계획을 세우자는 제안을 "마음 수양부터 한 뒤 뭘 해도 하라"며 거부한 인물이다. 노론 지지를 받으며 등극한 정조는 사실과 다른 내용을 비문에 기록했다. 송시열이 지휘한 서인(西人)과 노론(老論)은 정적인 남인과 소론을 대상으로 수시로 공작정치를 벌였다. 그리고 사실과 다른 내용을 여러 비석에 기록함으로써 진실을 은폐했다.

력을 둘러싼 갈등 방식에는 공작과 조작이 끼어 있다.

서인의 권력욕과 술수

'서인 무리들은 영광과 명성을 공경하고 사모해서 이를 위해 스스로 이용되는 것을 즐겁게 여겼다. 끓는 물이나 불 속에 들어가 죽더라도 피하지 않았다. 반면 남인은 그 기질이 구속받기를 싫어하고 빈틈이 많아 스스로 경계하

는 일에 소홀하였다. 사람을 모아 당을 수립하려는 계책은 서인의 술수가 한 수 위였다.'[165]

1623년 인조반정 이래 띄엄띄엄 몇십 년을 제외하고 집권당은 서인이었다. 숙종 때 서인이 노론과 소론으로 분당된 뒤 '순혈 서인'인 노론은 망국 때까지 집권 여당이었다. 18세기 남인 남하정이 쓴 『동소만록』에는 남인이 권력 유지에 실패한 이유가 명쾌하게 적혀 있다. 한마디로 '계책'과 '권력욕'의 부족이었다. 남인은 권력을 즐기려고만 했을 뿐 유지하거나 확장할 계책을 세우지 않았다는 뜻이다. 그 계책에는 공작과 조작 그리고 진영 논리도 포함돼 있다.

1682년 공작정치 - 남인 역모 사건

1682년 10월 21일, '남인이 장사 300명을 동원해 세 정승과 육판서는 물론 비변사 대신들까지 찍어 죽이고 나라를 깨뜨리려는' 어마어마한 역모 사건이 발각됐다. 내용은 구체적이었다. 남인 유생 허새許璽가 "주상은 덕이라고는 조금도 없고 어둡고 흐려 어질고 현명한 이로 왕을 바꾸면 태평성대가 온다"며 모의를 주도했고, 여기에 다른 남인 열여섯이 가세했다고 했다. 전국 주요 도시에 가짜 의금부 도사를 파견해 현지 수령들을 체포하고 궁궐에는 군사 300명을 매복시켜 때를 기다린다고 했다.[166]

한마디로 쿠데타였다. 강력한 왕권을 휘두르던 숙종은 분기탱천했다. 즉각 관련자들을 구속해 수사가 진행됐다. 고발된 남인들은 고문을 동반한 수사 과정에서 하나씩 처형되거나 고문 도중 죽었다. 그런데 처음 고발된 허새와 허영을 제외하고는 자백을 한 자가 한 명도 없었다. 무릎을 바위로 짓이기는 압슬형을 받으면서도 무죄라 주장하다 죽는 이까지 나왔다.

갈수록 수사가 미궁에 빠지더니 결국 그 모든 것이 서인인 우의정 김석주와 어영대장 김익훈이 남인 박멸을 목표로 조작한 사건임이 드러났다. 우의정 김석주가 "명을 따르지 않으면 목을 베겠다"고 서인 김환을 위협해 남인에 침투시킨 역모였다.[167] 김석주를 대리해 일을 진행한 주모자는 역시 서인인 어영대장 김익훈이었다.

이 같은 내용을 자기 문집인 『한수재선생문집』에 기록한 '권상하' 또한 서인 총수 송시열의 최측근 인사였으니 서인이 남인을 박멸하기 위해 조작해 낸 사건임을 서인 수뇌부가 모두 알고 있었다는 말이다.

진영 논리 - 우리 편 처벌 불가

이에 서인 가운데 젊은 소장파가 수뇌부에 반기를 들었다.

"역모를 사주한 김익훈은 본인이 역적이 된 것보다 심하다."[168]

승지 조지겸은 "시비를 분명히 해야 한다"고 숙종에게 재수사를 요구했다.[169] 사헌부 지평 박태유와 유득일은 김석주에 대한 유배형을 요구했다. 골치가 아파진 숙종은 두 지평을 거제도와 진도로 발령해 버렸다.[170]

그런 와중에 1682년 11월 고향 충청도 회덕에 있던 송시열이 숙종 명에 의해 한성으로 올라왔다. 조지겸이 여주로 가서 그를 마중했다. 역모 사건 전모를 들은 송시열이 이렇게 말했다.

"(공작을 한 김익훈은) 비록 죽는다 해도 애석할 것이 없다."

이 말을 전해 들은 서인 소장파들이 '드디어 크게 기뻐하면서 "어른의 소견

우암 송시열(1607~1689). [국립중앙박물관]

도 자기네의 뜻과 같다"고 하였다.'[171]

이듬해 1월 서울에 도착한 송시열에게 문제의 김익훈 가족이 찾아가 곡절을 호소했다. 1월 19일 아침, 숙종이 주재한 회의에서 송시열이 입을 열었다.

"김익훈은 내 스승 김장생의 손자다. 스승에 대한 도리로서 내가 죄인이다."[172]

김익훈은 자기네 진영 사람이니 잘못한 일이 있어도 벌할 수 없다는 말이었다. 추상같은 정의正義를 기대하던 소장파에게 날벼락이 떨어졌다. 놀라서 찾아간 제자 김간에게 송시열이 재차 이렇게 확인했다.

"김익훈은 스승 문중의 자제이니 구제하지 않을 수 없다. 진실로 그가 죽음에 이르게 되면 나는 마땅히 나의 거취去就를 내놓고 싸워서 살리겠다."[173]

'원칙'과 '대의'를 주장하던 송시열 입에서 진영 논리가 튀어나오자 젊은 서인들이 등을 돌렸다. 이들이 서인에서 분리된 소론少論이며, 소론을 배척하고 진영을 지킨 이들이 노론老論이다.

위선과 은폐의 정치

1689년 1월 10일 숙종이 희빈 장씨가 낳은 아들을 원자元子로 삼겠다고 선언했다. 원자는 세자가 될 어린아이를 뜻한다. 그러니 이 아이가 곧 세자가 되고, 숙종이 죽으면 왕이 될 것이다. 장희빈은 남인의 지지를 받는 여자였다. 그러니 그 아들이 왕이 되면 서인, 그중에서 노론에 불어닥칠 피바람은 상상만 해도 끔찍했다.

2월 1일 노론 지도자 송시열이 집안사람을 통해 반대 상소를 숙종에게 올렸다. 숙종이 말했다.

"송시열 뜻이 이렇다면 그 문하 제자들이 잇달아 일어나게 될 것이고 그러면 소론인 윤증 제자들과 또 싸움이 벌어지겠지."[174]

그날 밤 숙종은 노론 정승들을 파직하고 빈자리를 남인으로 채웠다. '기사환국己巳換局'이라고 한다. 송시열은 벼슬과 품계를 박탈당하고 제주도로 유배됐다.

장희빈과 원자 책봉을 반대한 사람 가운데 소론 박태보가 있었다. 박태보는 법전에 없는 고문까지 다 당한 뒤 전남 진도로 유배를 떠나다 서울 노량진에서 죽었다. 그리고 숙종은 남인 정권 요청에 유배 중인 송시열을 서울로 재소환했다. 귀경 도중 소식을 들은 송시열은 '눈물을 흘리며 소식素食(죽은 이에 대한 예로 육식을 금하는 것)을 하고 자손에게 박태보 이름을 부르지 말라고 하였다.'175 비록 서인 가운데 자기를 멀리하는 젊은 소론파지만, 예의를 갖추라는 뜻이다.

그런데 『연려실기술』은 소론 나양좌가 쓴 『명촌잡록明村雜錄』을 인용해 그 뒷이야기를 이렇게 기록했다.

'송시열이 손자에게 "박태보와 관련된 문자는 모두 불에 넣으라" 하였다.'176

'송시열이 앙숙이었던 윤선거의 외손자 박태보를 헐뜯고 다녔는데 급히 그 글들을 태워 버리라고 했다'는 것이다. 이렇게 앞과 뒤가 다른 위선은 물론 그 위선을 덮으려는 은폐까지 사료史料에는 다 기록돼 있다.

북벌의 허구와 독 묻은 손

1659년 3월 11일 즉위 11년 차 효종이 송시열과 독대했다. 사관도 없었고 내시도 없었다. 대화 내용은 훗날 송시열이 '악대설화幄對說話'라는 제목으로 공개한 글에 적혀 있다.

(효종) "나는 포병砲兵 10만을 길러 청나라 산해관山海關으로 쳐들어갈 계획이다."

(송시열) "국가가 망하게 된다면 어찌하시렵니까?"

송시열 후예들은 '흉악한 무리가 먼저 독 묻은 손을 뻗쳤다'고 기록했다.

(효종) "그렇다면 무엇이 급선무인가?"

송시열은 군자금 모금 방법과 군사 모집 방법 따위를 자세하게 답한 뒤 이렇게 덧붙였다.

"이 모든 것은 기강을 먼저 세워야 시행할 수 있는데, 기강은 전하가 사심私心을 없애야 세울 수 있나이다."[177]

구체적인 계획을 세워 봤자 마음 수양이 돼 있지 않으면 헛일이라는 말이었다. 송시열은 "북벌보다는 선비들 습관을 바로잡는 일이 급선무"라고 덧붙이기까지 했으니, 이는 북벌 계획 동참이 아닌 실질적인 거부였다. 독대 한 달 뒤 효종이 급서했다.

16년 뒤인 1675년 남인에 의해 수세에 몰렸을 때 송시열은 본인이 작성한

이 대화록을 전격 공개해 버렸다. 이는 훗날 '효종 대왕-송시열' 듀엣의 북벌 대계로 확대 포장됐다. 송시열이 효종을 도와 북벌을 꿈꿨다는 신화는 이렇게 만들어졌다. 노론과 갈등을 빚다가 타협한 정조는 송시열을 북벌론 주도자로 포장해 비문을 쓰고(1779년) 1787년에는 송시열 문집인 『송자대전』도 편찬했다.

숙종을 통해 제주로 송시열을 쫓아 보낸 남인은 "송시열 나이가 여든이 넘었으니 굳이 국문할 필요가 없다"고 주장했다. 숙종은 남인의 요구를 수용해 "의금부도사가 송시열을 만나는 그 자리에서 사약을 내리라"고 명했다. 1689년 6월 3일 상경 중인 송시열이 정읍을 지날 무렵 조정에서 보낸 의금부도사가 눈앞에 나타났다. 송시열은 사약을 받았다.

42년 뒤 그 제자 이의현은 그 자리에 비석을 세우며 '흉악한 무리가 독 묻은 손을 먼저 뻗쳤다'라고 기록했다. 이상 위선과 조작과 공작이 난무했던 17세기 피비린내 가득한 정치 이야기였다. 땅의 역사

07 서대문 영은문과 광기의 사대(事大)

송시열의 달력과 정조의 허리띠

서울 서대문형무소역사관 앞에는 독립문이 서 있다. 1897년 청나라로부터 독립 의지를 밝힌 문이다. 그 앞에 있는 돌기둥은 명·청 사신이 올 때 조선 국왕이 나가 마중을 하던 영은문 기둥이다.

서울 서대문에는 독립문이 있다. 모두 알다시피 역대 중국 왕조에 사대事大하던 조선 왕조가 중국 사신들을 맞이하던 문이다. 그 돌기둥을 폐기하지 않고 남겨 둔 것은 참으로 탁월한 결정이었다. 없었다면 책에서나 볼 수 있었을 사대의 실체를 눈으로 느낄 수 있으니까.

중국으로 통칭되는 역대 대륙 왕조 주변국은 그 왕조와 조공 관계를 맺으며 생존을 유지했다. 중국 왕조는 그 대가로 주변국 통치자를 그 영역 제후諸侯로 책봉해 큰 무력 없이 우호 관계를 유지했다. 이를 사대 외교라 한다.

전국 팔도에서 만나는 수많은 사대부 묘비명은 '유명조선有明朝鮮'으로 시작한다. '명나라 속국 조선'이라는 뜻이다. 조선만이 아니었다. '유당신라有唐新羅(924년 영월 흥녕사징효대사탑비)'라 기록한 통일신라 때 비석도 있다. '유송고려有宋高麗(1021년 개성 현화사비명)', '유원고려有元高麗(1352년 권준묘지명)'[178] 같은 고려 왕조 비석도 눈에 띈다.

그런데 조선은 해도 너무했다. 외교정책이어야 할 사대가 윤리로 둔갑하고 권력을 강화하는 국내정치용 이데올로기로 쓰이더니 마침내 정신세계를 혼돈으로 몰고 가는 집단 광기狂氣로 변질됐다. 그 광기 이야기.

조선이 폐기한 이름, 황제(皇帝)

1392년 이성계가 이끄는 군부와 정도전으로 대변되는 신진사대부 연합 세력이 고려 왕조를 타도했다. 그해 7월 17일 왕이 된 태조 이성계는 11월 새 나라 이름 후보로 '조선朝鮮'과 '화령和寧'을 명 황제 주원장에게 올렸다. 이듬해 2월 주원장은 '조선'을 국호로 선택했다.[179]

국호 후보를 보내기 한 달 전 이성계는 옛 왕조 역사, 『고려사高麗史』 편찬

또한 지시했다. 59년이 지난 1451년(문종 1년), 『고려사』가 완성됐다. 그런데 이 책에는 고려 왕조가 사용했던 '황제皇帝', '천자天子' 같은 표현이 '왕王'으로 바뀌어 있었고, 고려 황제 제도 또한 제후국 제도로 바뀌어 있었다.[180]

1416년 태종 때 세자 담당 부서 경승부敬承府 윤尹 변계량이 "조선은 천자가 분봉한 나라가 아니라 단군을 시조로 하늘에서 내려온 나라"라며 하늘에 제사를 지내자고 주장했다. 실록 사관은 "동국東國에서 하늘에 제사하자고 하다니 분수를 모르는 억지"라고 비난했다.[181] 1488년 성종 때 평양에 도착한 명나라 사신이 기자묘는 물론 단군 사당을 찾아 절을 하기도 했지만[182], 조선 지도부는 황국 명에 대한 제후국 지위에 충실했다. 그러다 임진왜란이 터지고 정묘호란이 터지고 병자호란이 터졌다.

임진왜란, 재조번방 그리고 인조반정

일본군 앞에서 풍전등화 같은 나라를 천병天兵을 보내 구원해 줬으니 명나라는 재조번방再造藩邦의 황국이었다. 재조번방은 번국을 다시 세워 줬다는 뜻이다. 선조는 임진왜란 종전 2년 뒤 명군 총사령관 만세덕이 귀국하게 되자, 만세덕이 볼 수 있도록 서둘러 '再造藩邦' 네 글자를 써서 내려보내기도 했다.[183]

그리고 명 황제에게 보내는 편지에는 '萬折必東(만절필동)'이라는 네 글자를 잊지 않았다.[184] 만절필동은 '황하가 만 번 휘어도 결국 동쪽으로 흐르듯, 황제 폐하를 향한 충성은 변치 않는다'는 뜻이다.

광해군에 이어 인조가 등극했다. 인조 세력이 광해군을 몰아낸 명분은 명나라에 사대하지 않은 무법과 어머니 인목대비를 폐하고 동생 영창대군을 죽

충북 괴산 화양동계곡에 새겨져 있는 선조 친필 '萬折必東(만절필동)'. '온갖 고난이 있어도 명에 대한 충성은 영원함'.

인 패륜에 대한 징벌이었다. 두 차례 호란이 터졌다. 인조 정권은 오랑캐 청나라에 항복했다. 대명 의리와 척화를 주장하던 정부가 오랑캐한테 항복을? 명분이 만신창이가 됐다. 사람들은 인조를 '더러운 임금(汚君·오군)'이라고 불렀고, 그 정부를 '하찮은 조정(小朝·소조)'이라고 불렀다.[185]

남한산성에 갇혔던 그들은 '항복을 주장하는 최명길을 간신이라 입으로 욕하면서 최명길이 열어 준 문으로 산성을 두 발로 빠져 나갔다.'[186] 구차하게 목숨을 부지한 명분론자들은 권력을 유지할 길이 막막했다. 1644년 명나라의 마지막 숨통이 끊어졌다. 이제 주인은 오랑캐 청나라였다.

사대의 변질, 정치투쟁 그리고 송시열

오랑캐에 의해 명이 멸망했다. 사대와 충성의 대상이 사라졌다. 그러자 명분론자들은 복수를 위한 북벌론과 조선이 명을 계승했다는 '조선중화론'을 새로운 사대 이데올로기로 완성했다. 겉으로 내세운 북벌론은 비현실적이었다. 함께 북벌을 준비하자는 효종의 말에 재야의 권력자 송시열은 "마음 수양부터 하시라"고 응답했다.[187]

명나라는 망했지만 명나라의 찬란한 중화中華 문명이 조선으로 건너왔다는 논리가 '조선중화론'이다. 조선은 명의 정신적 후계자요 명은 조선에서 부활했으니 북벌을 할 필요가 없다는 논리다. 전쟁에서는 참패했지만 정신적으로 승리를 거뒀으니 명나라에 제사를 잘 지내고 정치를 잘 하면 그만이었다.

이후 조선 국내정치를 농단한 잣대는 대명 사대였다. 멸망해서 지구상에 존재하지 않는 명에 대한 충성, 그리고 명이 소유했던 성리학적 세계관이 정파를 분간했다. 1689년 남인과 정쟁 끝에 사약을 받은 송시열은 "내가 살던 충청도 화양계곡에 명 황제를 기리는 사당을 만들라"고 유언했다. 명 마지막 황제 숭정제가 죽고 60년이 되던 1704년 정월 7일, 송시열 제자들은 화양계곡에 '만동묘萬東廟'를 세웠다. '만절필동'의 그 만동이다.

사흘 뒤인 정월 10일, 이 사실을 알게 된 숙종은 두 달 뒤 창덕궁 후원에서 직접 숭정제에 제사를 올렸다.[188] 그해 11월 숙종은 제사를 지낸 터에 단을 쌓고 이름을 '대보단大報壇'이라 지었다. 큰 은혜에 보답한다는 뜻이다. 이후 국왕과 노론 사대부 세력은 순혈주의 사대를 경쟁하며 권력을 나눠 가졌다. 오랑캐 황제로부터 제후로 책봉을 받고, 오랑캐 달력을 쓰며, 오랑캐 황실에 조공을 하면서 뒤로는 명나라 마지막 연호인 숭정崇禎을 사용하는 기이한 정치체제가 멸망 때까지 이어졌다. 이제 그 만동묘와 대보단에서 벌어진 막장설 두 가지를 본다.

명나라 달력에 감격한 송시열

1665년 9월 송시열이 붓을 들어 글을 쓴다. 이렇게 시작한다.

'삼가 생각건대 우리 태조 고 황제(명태조 주원장)께서 오랑캐를 물리치고 위로 제통帝統을 이어받으셨다.'

글이 이어진다.

'숭정을사년 9월 배신陪臣(황제의 신하) 송시열이 백 번 절하고 머리를 조아

송시열이 새겨 넣은 '大明天地 崇禎日月(대명천지 숭정일월)'. 뜻은 '천지는 명나라 것, 세월은 숭정 황제 것'.

리며(百拜稽首·백배계수)'

조선 왕국 벼슬아치가 사라진 대륙의 황제 신하라고 자칭하고, 그 유령 같은 황제 연호를 쓴다. 내용은 더하다.

'호남 안찰사 유중이 1630년도 명나라 달력을 보여 주었다. 내가 손을 씻고 절을 하고서 달력을 받은 다음 눈물을 닦으며 이리 말했다. "오랑캐 역법은 별을 가르고 하늘을 나눠 곳곳마다 절기가 다르다. 하늘에 두 태양이 없고 천하에 두 임금이 없다는 말이 사라졌구나. 슬픈 회포가 더욱 간절해진다."'[189]

화양계곡 절벽에는 '大明天地 崇禎日月(대명천지 숭정일월)'이라는 글씨가 송시열 친필로 새겨져 있다. '천지는 대명 나라 것이요, 세월은 명 숭정제 것'이라는 뜻이다.

명나라 허리띠를 맨 정조

1787년 2월 11일 청나라에서 귀국한 사신 황인점이 정조에게 이리 보고했다.

"어떤 자가 옥으로 만든 허리띠(玉帶·옥대)를 사라 해서 은자 60냥을 주고 샀다. 탐문을 해 본즉 명태조 고 황제께서 내린 물건이었다."[190]

3월 7일 정조는 대보단에 가서 제사를 올리고 제사에 참여한 유생과 무사들을 상대로 문무 과거시험을 치렀다. 무과는 활쏘기였고 문과는 시작詩作이었다. 정조가 내린 시제는 '조선관에 옥대를 팔았다(賣帶朝鮮館·매대조선관)'였다.[191] 규장각 출신인 성대중에 따르면 이날 정조는 바로 그 옥대를 차고 대보단에 제사를 올렸다.[192]

위정척사파의 척사론과 독립문

1876년 개화를 결사반대한 척사파 거두 김평묵은 쇄국의 명분을 이렇게 밝혔다.

'조약을 맺으면 남인 무리들이 대궐을 침범할 것이고 필히 조정 권력이 바뀌어 서인은 일망타진될 것이다. 나라의 존망은 오히려 작은 일이다.'[193]

獨立門

1884년 사대를 가장한 저 권력욕과 광기에 넌더리 난 젊은 지사志士들이 반청反淸 독립과 개혁을 기치로 갑신정변을 일으켰지만 실패했다. 미국으로 망명했다가 돌아온 혁명가 서재필은 1897년 조선 왕이 중국 사신을 영접하던 서울 서대문 영은문迎恩門을 헐고 독립문을 지었다. 조선 26대 왕 고종은 대한제국 황제가 되었다. 지금 영은문 돌기둥은 굳건하다. 땅의 역사

독립문. 갑신정변 주역 서재필이 미국 망명 후 돌아와 건립을 주도했다.

08 "저 허망한 술사를 국정에 끼어들지 못하게 하라"

풍수(風水)로 세종을 현혹한 술사(術士) 최양선

풍수 - 파괴된 왕자 태실들

경상북도 성주에 가면 세종대왕자 태실胎室이 있다. 1438~1442년간에 세종 슬하 열여덟 왕자와 손자 단종 태실을 모아 만든 집단 태실이다. 이전 세 왕은 왕자 태실을 따로 만들지 않았다. 1443년 세종은 손자 홍위(단종) 태를 여기 묻을 때 근처에 자기 조상 묘가 있다는 사실을 숨긴 풍수학 제조 이정녕을 해임하고 그 묘를 이장시켰다.[194]

훗날 둘째 아들 수양대군이 조카 단종을 내쫓고 왕이 되었다. 사이 좋게 모여 있던 형제 태실 가운데 쿠데타를 반대한 형제들 태실은 파괴됐고 왕이 된 수양대군 태실 앞에는 거북이가 비석을 이고 앉아 있다. '땅이 반듯하고 우뚝 솟아 위로 공중을 받치는 듯한 길지吉地'[195]에 태실을 만들었어도 자식들 머리 위 피바람은 피하지 못했다.

경북 성주에 성군 세종이 심혈을 기울여 조성한 열여덟 왕자와 손자 단종의 태실. 둘째 아들 수양대군이 왕이 되면서 쑥대밭이 됐다. 계유정난을 반대한 수양대군 형제들 태실은 사진처럼 두서없이 파괴됐다. 왕실 정치는 풍수를 통해 왕실 안정을 희구했던 아버지 세종의 바람과 달리 피비린내로 뒤덮였다. 앞쪽 오른쪽 귀부가 있는 태실이 수양대군 태실이다.

경기도 여주 영릉에 있는 세종의 발명품 '일성정시의' 모형. 15세기 과학시대를 이끌었던 합리주의 군주 세종은 최양선이라는 풍수가에게 귀를 열고 많은 국가 토목사업을 진행했다.

과학 - 태양을 직시하는 일성정시의

경기도 여주에 있는 영릉英陵에 가면 입구 오른쪽에 세종 동상이, 그 옆으로 과학동산이 나온다. 그곳엔 15세기 초반 과학의 시대, 세종과 그 이하 천재들이 만든 과학성과물 복원품들이 전시돼 있다. 1437년에 세종이 발명한 '일성정시의日星定時儀' 모형도 태양을 직시한다. 일성정시의는 해시계와 별시계를 겸용해 밤낮으로 정확하게 시각과 절기를 알려 주는 최첨단 기계였다.

세종은 호기심 많은 지도자였다. 머릿속에서 소용돌이치는 호기심을 논리로 해석해 과학으로 전환시키는 천재 과학자였다. 그런데, 1430년 최양선崔揚善이라는 술사術士가 세종 앞에 나타나 호기심을 풀어야 직성이 풀리는 과학적 지도자를 풍수 논쟁으로 몰아넣었다. 그래서? 14년 시달림 끝에 세종이 이렇게 결론을 내렸다.

"이후로 최양선이 국가 논의에 참여하면 용서하지 않으리라."[196]

그 술사 최양선 이야기다.

풍수지리, 정치 그리고 조선 왕조

태조와 태종이 한성을 도읍으로 정할 때 도시계획 기준은 풍수도 아니요, 주술도 아니요, '백성이 살 너른 땅과 편리한 교통'이었다.[197] 그런데 나중에 왕이 된 세자 충녕에게 그가 이리 말한다.

'지리를 쓰지 않는다면 몰라도 만일 쓴다면 정밀히 하여야 한다.'[198]

합리적이라면 풍수도 수용하라는 당부였고, 많은 사대부가 땅의 기운을 따지는 운명론을 신봉하는 터라 풍수지리를 대놓고 무시하지는 말라는 뜻이기도 했다. 효성 깊고 호기심 많은 세종은 이를 지켰다. 그리고 그 앞에 최양선이 나타났다.

재위 12년째인 1430년 전직 서운관 하급 관리 최양선이 세종에게 이런 보고서를 올렸다.

'헌릉獻陵 앞을 지나는 고개를 막지 않으면 산맥이 끊겨 길하지 못하다.'[199]

헌릉은 지금 서울 내곡동에 있는 태종릉이다. 그런데 고갯길이 뚫려서 헌릉 지맥을 사람들이 짓밟고 다니니 '끊긴 산에는 장례할 수 없으므로' 통행을 금지하고 흙으로 산을 다시 쌓아야 한다는 주장이었다.

최양선이 말한 고개는 '천천현穿川峴'이다. 한성에서 양재를 거쳐 삼남三南으로 내려가는 중요한 길목이다. 그러니까 대로大路를 폐쇄하라는 엄청난 주장이었다.

최양선은 이미 태종 때인 1413년에 관직 없는 풍수 학생 신분으로 "장의동문(자하문·창의문)과 관광방 동쪽 고개(숙정문)는 경복궁 좌우 팔이니 사람을 걷게 하면 안 된다"고 주장했다.[200] 이후 자하문은 1623년 인조반정에서 문을 도끼로 부술 때까지 폐쇄됐었고, 숙정문은 21세기 초인 2006년 4월까지 닫혀 있었다. 이 이야기는 바로 다음 장에서 자세히 하기로 하자.

무시할 수 없는 선왕의 당부와 본능적인 호기심으로 세종은 의정부와 육조에 검토 지시를 내렸다. 한 달 보름 뒤 예조판서 신상이 "산은 형상이 기복起伏이 있어야 좋으니 길이 있어서 해로울 게 무엇이 있습니까"라고 말했다. 또 다른 풍수가 이양달 또한 "발자취가 있어야 맥脈에 좋습니다"라고 했다.

그런데 세종은 풍수쟁이 최양선의 손을 들어 주고 만다. 세종은 이리 답했다.

"막아도 무방하리라."[201]

집요한 최양선, 공사를 쟁취하다

3년째 논의가 유야무야하던 1433년 여름, 최양선이 또다시 천천현 폐쇄를 이슈화했다. 세종은 이번엔 집현전 학자들에게 이를 검토하라고 지시했다. 집현전 판단은 '폐쇄할 이유 없음'이었다.[202] 나흘 뒤 이번에는 국가 정책을 감찰하는 사헌부에서 직격 상소문을 올렸다. 최양선이 옳거나 그르다는 지적이 아니라 풍수에 대한 본질적인 비판이었다.

'지리의 술법은 오괴迂怪(구부러지고 괴이함)하고 궁벽하며 지루하고 망령된 것이다. 사람이 착한 일을 하면 복이 내리고 악한 일을 하면 재앙이 내리는 것인데 화와 복이 어찌 집터와 묏자리에 연유하는가.'

세종이 답했다.

"최양선은 자기 공부한 바를 임금에게 말했으니 충성하는 사람이지 벌줄 사람이 아니다. 그리고 세상 사람들이 집을 짓고 장사 지낼 때 모두 풍수지리를 쓴다."[203]

관료들 반발이 극심했다. 하지만 최양선의 반격도 극심했고 세종의 집착도 극심했다. 다시 4년이 지난 1437년 최양선이 또 고개 폐쇄를 주장했다.

“가느다란 헌릉 산맥에 큰 고개가 있어서 왕릉에 해가 된다. 고개를 막아라.”

이조판서 하연이 “불가不可”라고 하자 세종이 이리 반문했다.

“능 옆에 큰길이 있어야 한다는 말은 있는가.”

“있어야 한다는 말도, 없어야 한다는 말도 없다.”

이조판서는 말문이 막혔고 최양선은 승리했다.[204] 세종은 마침내 고개를 폐쇄하고 땅을 덧쌓는 대토목공사를 지시했다.

착공 반년 뒤인 1438년 4월 15일 승지 허후가 고갯길 폐쇄 공사가 부당하다고 주장했다.

“산맥에 흙을 덮는다고 국운國運이 길어지겠는가. 필요가 없는 공사다.”

합리적 지도자인 세종이 과오를 인정했지만, 결론은 바뀌지 않았다. 실록에는 이렇게 기록돼 있다.

‘임금이 말하기를 “그러하다. 하지만 이미 시작한 일이니 정지하기에는 때가 늦었다”라 하였다.’[205]

공사는 계속됐고 결국 고갯길은 폐쇄됐다.

그렇게 13년 동안 끊겨 있던 천천현은 1451년 세종 아들 문종 때에야 ‘사람 발에 산맥이 밟히지 않게 돌을 까는 조건으로’ 재개통됐다. 그런데 13년 뒤, 문종 동생 세조가 즉위하고 10년이 지나고서 지방에 은퇴해 있던 최양선이 또 이 고개를 막으라고 상소했다.[206] 세조는 이에 혹했다. 고심하던 육조판서들은 사람들 발길을 완화하는 납작한 돌을 깔아 맥을 지키자고 절충안을 내놨다. 절충안이 통과됐고 고개는 겨우 통행 금지를 면했다.

그 천천현은 훗날 '월천현月川峴'으로 개칭됐다. 현재 경부고속도로 달래내 고개가 그 월천현이다.[207] 근 600년이 지난 지금도 중요한 고개다.

막강한 토목공사 자문역 최양선

세종에게 총애를 받은 술사 최양선은 도읍지 한성과 왕릉 주변 풍수에 대해 거침이 없었다. 천천현 고개 폐쇄를 꺼내기 보름 전인 1443년 7월 3일, 최양선은 태조와 태종이 입지를 결정한 궁궐, 경복궁 터가 흉지라고 주장했다. "남산에서 보면 한성 주산主山은 경복궁 뒤 북악산이 아니라 승문원이 있는 향교동(현 낙원동 부근)의 연한 산줄기이니 창덕궁을 이곳으로 옮겨야 한다"는 것이다.

세종은 고희古稀를 맞은 노정승 황희까지 대동해 남산에 올라가 지리를 살폈다. 그리고 "앞으로 집현전에서 학자들과 함께 풍수학을 공부하겠다"고 선언했다. 1420년 실시된 문과에서 장원급제자였던 지신사(도승지) 안숭선이 "잡된 술수 가운데 가장 황당하고 난잡한 학을 어찌!" 하고 항의했다. 세종은 받아들이지 않았다.[208] 세종은 그럴 때마다 "나라를 위해 한 말이니 최양선은 죄 없다"라고 덧붙이곤 했다.[209]

풍수에 대한, 그리고 술사 최양선에 대한 세종의 집착은 결국 '경복궁을 비롯한 궁성 건축과 남대문 보토補土 공사, 소격전 앞 연못 파기 공사, 개천 이건 공사, 남대문 밖 연못 축대 공사 따위에 경기, 충청에서 인부 1,500명을 징발하는' 동시다발 대규모 토목공사로 한성 곳곳을 파헤쳐 놓게 만들어 버렸다.[210]

선을 넘은 최양선과 세종의 회고

최양선이 건드리는 사업은 끝이 없었다. 종묘 풍수를 시비 걸고[211], "돌이 울었다"고 주장하더니, 세종이 스스로 묻힐 자리로 정해 둔 수릉壽陵 혈 방위를 틀리게 주장하다가 구속되기도 했다. 징그럽고 집요한 풍수 주장에 마침내 1444년, 세종이 선언했다.

"앞으로 최양선이 국정에 끼어들면 용서하지 않겠다."

승정원은 동시에 어명에 의거해 그때까지 최양선이 올린 보고서를 모두 불태웠다.[212]

이듬해 정월 세종이 병 치료를 위해 사위 안맹담 집으로 거처를 옮겼다. 관료들이 혈 자리를 보고 옮기라고 청했다. 그때까지 풍수에 현혹돼 숱한 토목 공사를 벌인 지도자 세종이 이리 말했다.

"내가 음양지리의 괴이한 말을 믿지 않는 것은 경이 이미 알고 있을 것이다."[213]

술사 말을 듣지 않은 탓?

1446년 세종비인 소헌왕후가 죽었다. 세종은 미리 봐 뒀던 선왕 태종의 헌릉 옆 땅에 왕비릉을 만들고 그 자리에 자신도 묻히겠다고 선언했다. 최양선이 "맏아들 죽을 곳"이라며 흉지라고 주장한 자리다. 왕비릉을 조성할 때 인부가 1만500명이 동원됐고 이 가운데 100여 명이 사고로 죽었다.[214] 4년 뒤 세상을 뜬 세종이 합장됐다.

과연 맏아들 문종이 요절했다. 그리고 둘째 아들 수양대군이 쿠데타를 일으켜 피바람을 몰고 왔다. 1468년 성종에 이어 즉위한 예종은 세종 부부 왕릉을 천장하기로 결정했다. 지관이 고른 경기도 여주 현 영릉 터에는 세조 반정 공신 한산 이씨 이계전과 광주 이씨 이인손 묘가 있었다. 왕실은 이들 묘를 옮기고 영릉을 조성했다.[215] 사람들은 술사 최양선 예언이 적중했다고 수군댔다.

요동 벌판, 풍수 그리고 대한민국

정조시대 북학파 박제가는 이렇게 주장했다.

"운명을 말하는 자는 천하의 모든 일을 운명을 기준으로 말하고 관상을 말하는 자는 천하의 모든 일을 관상을 기준으로 말한다. 무당은 모든 것을 무당에 귀속시키고 지관은 모든 것을 장지에 귀속시킨다. 잡술은 하나같이 그렇다. 사람은 한 사람인데 과연 어디에 속해야 할까."

주장은 이어진다.

"요동과 계주의 드넓은 벌판을 보라. 모든 사람이 밭에다 무덤을 만들어 1만 리에 뻗어 있는 너른 평원에 무덤이 올망졸망 널려 있다. 애초에 좌청룡 우백호를 따져 쓸 여지가 없다. 조선 지관을 데려다 장지를 찾게 한다면 망연자실하리라. 식견이 있는 사람이 요직에 서게 되면 마땅히 풍수를 다룬 서적을 불태우고 풍수가의 활동을 금지해야 한다."[216]

그런데 세종이 최양선을 변호한 또 다른 이유가 있었다. '신하들이 조정에서는 귀신 제사를 금하자고 말하고 집에 가서는 귀신 제사하는 자가 매우 많으니 모순'[217]이었기 때문이다. 사대부들이 입으로는 풍수 타도를 외치며 뒤로는 풍수를 좇는다는 지적이었다.

러일 전쟁과 가마솥과 고종

1904년 러일 전쟁이 발발하고 두 달 뒤 윤치호가 일기를 쓴다.

'나는 믿을 만한 소식통을 통해 황제가 일본 지도를 가마솥에서 삶고 있다는 이야기를 들었다. 일본과 일본의 대의명분을 저주하는 특이한 방법이긴 하다. 황제는 어제 받은, 원산항에서 러시아의 어뢰선이 일본의 작은 연안 연락선인 오양환五洋丸을 격침시켰다는 보고 때문에 더 자신의 믿음을 확고히 할 것이다. 제물포에서 전쟁이 발발해 끔찍한 연속 폭격이 퍼부어질 때, 훌륭한 군주는 점쟁이를 만나느라 바빴다. 무당들의 요구에 따라 궁궐 뜰 네 귀퉁이에 가마솥을 거꾸로 묻었다. 궁궐 문밖에도 역시 가마솥이 몇 개 묻혔다.'[218]

1904년 2월 3일 미국 『펀치』지 삽화. 러일 전쟁 직전 러시아와 일본 사이에서 중립선언을 한 대한제국 처지를 묘사한 삽화다. 그때 대한제국 황제 광무제 고종은 궁궐 곳곳에 가마솥을 묻고 일본 지도를 가마솥에 삶았다.

IN A TIGHT PLACE.

지금은?

"풍수 이야기를 하면 그렇게 반대하던 분들이 어느 날 술이나 한잔하자고 하더니 산소 자리를 잡아 달라더군요. '공은 공이고 사는 사'가 아니냐면서요."

고 풍수학자 최창조가 2009년 12월 12일 『조선일보』 인터뷰에서 한 말이다. 세상은 매우 변하였는데, 이렇게 조금도 변하지 않는 곳도 있는 법이다. 땅의 역사

09 "당신 시끄럽다고 서대문을 막아 버려?"

풍수에 시달리고 권력에 시달렸던 서대문

앞 장에 등장했던 풍수가 최양선, 그리고 문 이야기다. 문화재청이 복원한 광화문 월대에 이어서 서울시가 또 복원을 예고한 서울 서대문, 돈의문 이야기다. 멀쩡하게 백성이 잘 이용하다 하루아침에 궁궐이 시끄럽다고 7년 동안 닫아 버렸던 그 문, 서대문이다.

대한민국 수도 서울에는 서대문구라는 행정구역이 있다. 종로구 서쪽에 있던 4대문 가운데 하나인 서대문에서 온 이름이다. 돈의문이라고도 하는 이 서대문은 식민시대에 철거되고 지금은 이름만 남아 있다. 그런데 이 문에는 기막힌 사연이 첩첩이 쌓여 있다.

돈의문을 맨 처음 만든 건 태조 때다. 조선 건국 4년 만인 1396년 음력 9월 24일 한양 성곽이 지어진다. 이때 4대문과 4소문도 함께 완성된다.[219] 이 가운데 서쪽 문은 돈의문이라고 이름이 붙었다. 여러 가지 보수작업과 추가 작업 끝에 1422년 2월 23일 조선이 건국된 지 30년 만에 한성 성곽이 완성된

옛 서울 서대문 모습. 철로 공사 중인 장면을 담은 총독부박물관 소장 유리건판 사진이다. 서대문~홍릉 전차 구간은 대한제국 시대인 1898년 개통됐다. [국립중앙박물관]

다. 그 높이가 낮게는 16척 그러니까 4.8미터에서 높게는 23척인 7미터에 달하는 거대한 성곽이다. 성곽 안팎으로 4.5미터 폭으로 길을 만들어 순찰을 도는 데도 좋은 성이다.[220] 이 길은 훗날 한성 사람들이 성곽 나들이, 순성놀이를 하는 데에도 쓰인다.

그런데 이날 실록에는 이렇게 적혀 있다.

'서전문西箭門을 막고 돈의문敦義門을 설치하였다.'

원래 있었던 서전문이라는 문을 없애고 돈의문이라는 새로운 문을 만들었다는 이야기다. 서전문은 정체가 뭐고, 왜 이 문을 없애고 새 문을 만들었을까.

풍수가 최양선이 막아 버린 서대문

태조 아들 태종 이방원 때부터 각종 토목공사에 끼어든 사람이 있다. 최양선이라는 사람이다. 최양선은 풍수가다. 풍수에 밝았던 최양선은 태종부터 성종 때까지 왕릉 선정뿐 아니라 길을 낼 때마다 끼어들어서 공사를 중단시키거나 변경하는 데 영향을 미친 사람이다.

그가 주로 활동했던 세종 때는 호기심 많은 세종이 최양선의 말에 현혹돼 지금 경부고속도로 입구인 달래내고개를 폐쇄한 적도 있었다. 세종은 결국 최양선이 국정에 끼어들지 못하게 궁궐 출입 금지령을 내리기도 했다.

어찌 됐건 태종 때인 1413년 어느 여름날 이 풍수가 최양선이 태종에게 상소문을 올렸다.

'장의동 문과 관광방 동쪽 고갯길은 경복궁의 좌우 팔이다. 빌건대 길을 열지 말고 지맥을 온전히 보존하시라.'[221]

장의동은 지금 종로구 부암동과 서촌 일대다. 관광방 동쪽 고개는 삼청동과 성북동에 이르는 북한산 동쪽 기슭이다. 여기에는 한성 북서쪽 소문인 창의문과 북쪽 대문인 숙정문이 설치돼 있었다. 최양선은 이 두 문이 경복궁을 보호하는 지맥을 누르고 있다면서 폐쇄하라고 건의했다.

태종은 그 말을 들어줬다. 사실 새 도읍지를 설계할 때만 해도 풍수가들 말을 물리치고 교통과 주거환경을 기준으로 한양을 택한 왕이었다. 그런데 경복궁이 위험하다는 말에 그만 넘어가 버린 것이다. 창의문과 숙정문은 곧바로 닫혀 버리고 말았다. 그러면서 경복궁과 가까운 사직동 언덕에 있던 서쪽문, 돈의문도 막아 버리고 새로 문을 만들라고 한다. 그 문이 앞에 나온 서전문이다.[222]

서전문 위치는 불확실하다. 지금 우리가 알고 있는 서대문과는 위치가 달랐음은 확실하다. 태종이 돈화문 대신에 새 문을 만들라고 하자 신하들이 새 문 위치 선정 작업 끝에 경복궁에서 떨어져 있는 다른 언덕으로 위치를 정했다.

이기적인 공신 이숙번

그런데 하필이면 새 위치가 개국공신 이숙번 집과 가까웠다. 이숙번은 이방원의 심복이다. 그는 이방원이 일으킨 1, 2차 왕자의 난에서 공을 세워 아무도 무시할 수 없는 권력가가 됐다. 그의 집 앞으로 새 문을 만들겠다는 보고가 올라오자 이숙번은 정종이 살던 인덕궁 앞에 터가 있으니 거기에 문을 만들라

고 건의한다. 한마디로 자기 집 앞이 시끄러워지니 싫다는 이야기였다.[223]

결국 새 문은 정종이 살던 인덕궁 앞에 건축됐다. 실록에 따르면 태종이 정종을 방문할 때면 숭례문으로 나와서 도성을 서쪽으로 빙 돈 뒤 서전문으로 들어갔다고 한다. 경복궁에서 곧바로 인덕궁으로 가면 일찍 죽은 막내아들 성녕대군이 살던 집이 보여서 슬퍼진다고 했다.[224]

새문, 돈의문

1420년, 권세가 이숙번이 권력투쟁 끝에 유배 생활을 반복하다가 죽었다. 그리고 2년 뒤 세종에 의해 인덕궁 앞에 있던 서전문이 철거되고 언덕 위에 새 문이 건설됐다.[225] 이 문이 우리가 알고 있는 서대문, 돈의문이다. 이후 돈의문은 새로 생긴 문이라고 해서 새문, 그 안쪽 동네는 새로 생긴 문 안쪽이라고 해서 '새문안'이라고 불리게 됐다.

자기 집 교통 소음 싫다고 국가사업을 거부한 이숙번이나 그걸 지켜보다가 아버지 태종 동료가 죽고 나서야 새로 문을 만든 세종이나 참 대단한 사람들이다. 어찌 됐건, 새로 만든 서대문은 이후 상인과 주민, 물건이 한성으로 드나드는 중요한 길목 역할을 톡톡히 하며 역사를 이어 갔다. 더군다나 북쪽에 있는 창의문과 북동쪽 숙정문이 닫힌 상황에서 서대문이 가진 역할은 더 중요했다. 그런데!

하루아침에 닫혀 버린 서대문

300년이 지난 1736년 봄날이었다. 당시 왕이었던 영조에게 지금으로 치면 국방부, 병조에서 보고가 올라왔다.

'돈의문敦義門이 경덕궁에 가까워서 인마人馬의 시끄러운 폐단이 많으니 문을 폐쇄하기를 청하나이다.'[226]

여기 나오는 '경덕궁'은 경희궁을 말한다. 경희궁은 임진왜란 후 광해군 때 만든 궁궐이다. 원래 광해군 이복동생인 정안군 이부가 살던 집인데 왕기王氣가 서렸다면서 집을 빼앗고 주변 민가를 수용해 지은 궁궐이다. 그런데 뒤에 지은 이 경덕궁에서 서대문까지 거리가 멀지 않은 탓에 문을 이용하면서 사람들이 내는 소음이 궁궐까지 들어온다는 보고였다. 그래서 하겠다는 조치가 문 폐쇄였다. 영조는 즉각 이를 허가한다. 그리고는 이렇게 명령한다.

"매일 돈의문 바깥에 있는 경기감영 창고에서 궁궐 소요품을 들여오는 때에만 수문장이 열쇠로 문을 따 주고 일이 끝나면 바로 잠그도록 하라."[227]

실록에는 '대체로 전례를 따른 것이었다'라고 부기돼 있다. 그렇게 수도 한성 서쪽 안팎을 연결하는 통로가 행인들이 내는 소음이 궁궐까지 들린다는 이유로 하루아침에 폐쇄되고 말았다. 졸지에 교통대란 정도가 아니라 동맥경화 같은 참화에 빠져 버린 서쪽 주민과 성저십리 사람들은 길을 우회해 남쪽에 있는 서소문을 이용할 수밖에 없었다.

얼마나 많은 시간과 노동력이 낭비됐을까. 게다가 그것이 '전례를 따른 것'이라니. 또 하루 한 번 그 문을 여닫는 목적 또한 주민 통행이 아니라 궁궐 소요품 배달이었다. 백성은 경기감영 지게꾼들 출입 완료를 기다렸다가 문을 이용해야 했다. 이게 다 오로지 이유는 하나, 궁궐이 시끄럽기 때문이었다. 궁궐이 시끄러워서 임금 삶이 불편하기 때문이다.

그나마 고맙소, 영조

7년이 지났다. 누가 보더라도 불합리한 이 서대문 폐쇄 조치 때문에 문제가 한둘이 아니었던 모양이다. 1744년 3월 14일 영의정 김재로가 조심스럽게 영조에게 건의한다.

"전에는 돈의문 여닫는 것이 일정하지 않았었고 근년에는 여염閭閻이 깨끗하지 못하고 궁장宮墻에서 너무 가깝다는 이유로 부득이 닫아 버렸었다. 임시로나마 문을 열게 하면 인마人馬 출입이 편리하겠다."

영의정은 '경희궁으로 환궁하기 전까지만이라도'라고 옵션을 걸고 개방을 요청했다. 그제야 영조가 말했다.

"내일부터 돈의문을 열어라. 환궁한 뒤에도 그대로 여닫아라. 그대로 전처럼 여닫게 하라."[228]

이어지는 대화만 보면 영조는 불쌍한 백성을 사랑하는 어질고 착한 성군으로 보인다. 하지만 7년 전 이 문을 막아 버린 사람이 바로 이 영조다. 자기가 시끄럽다고 백성 통행과 물건 유통로를 막아 버린 권력자였다.

바로 이 경덕궁 자리에 살던 정안군 이부의 맏아들 능양군 이종이 광해군을 내쫓고 왕이 됐는데, 이 사람이 인조다. 인조는 자기 아버지를 왕으로 추존하고 김포에 왕릉을 만들었다. 바로 추존왕 원종이다. 그런데 알고 보니 추존왕 원종이 받은 시호 속에 '경덕'이라는 두 글자가 들어 있었다. 이에 영조는 경덕궁 이름을 경희궁으로 고쳤다.[229]

문 하나하나에도 권력과 이기심이 숨어 있다. 그 이기심 뒤에 고단한 백성들의 모습이 보인다. 돈의문은 1915년 식민시대 전차 복선화 작업으로 철거됐다. 지금은 출퇴근 시간은 물론 상시로 길이 막히는 도로로 변했다.

한때 그 돈의문을 복원하겠다는 서울시 계획이 나왔다가 논란이 됐다. 있을 때도 권력자 편의를 위해 폐쇄되기도 했던 문이고 지금은 도로로 변한 문이다. 역사는 역사로 작용하게 놔둬야 역사가 아닌가. 왜들 현실을 어찌 역사에 꿰맞추려고들 하는지! 땅의 역사

3장

나는 속았다

가만히 내 인생을 생각해 보았다

흥원창 나루

01 나주 쌍계정과 신숙주를 위한 변명

'나는 늙은 나무가 될 터이니 편히들 와서 쉬시게'

그리하여 내가 물었다.

"집안에서 숙주나물 먹지 않나요?"

"잘 먹습니다. 요번 한글날에도, 매번 다른 나물 안 올라갑니다. 할아버지께서 그 나물 너무 좋아하셔서 꼭 제사상에 올립니다. 대신 녹두나물이라고 하지요."

대답을 한 사람의 이름은 신인식申寅植이다. 그가 '할아버지'라 한 사람은 600년 전 태어난 사람이다. 이름은 신숙주申叔舟(1417~1475)다. 문제적 인물, 바로 그 신숙주 이야기다.

책을 좋아했던 아이들

양쪽으로 개울을 끼고 있는 정자 쌍계정雙溪亭에서 그가 책을 읽었다. 정자가 있는 마을은 전남 나주 금안마을이다. 신숙주가 태어난 마을이요, 외가다.

신숙주의 고향이자 외가인 전남 나주 금안마을에는 쌍계정 정자가 있다. 그가 어릴 적 공부했던 곳이다. 정자를 지키는 푸조나무는 400살이 넘었다. 남긴 업적은 가리고, 과장된 변절자의 이미지가 많이 남아 있다.

훗날 시詩와 글을 겨루는 진사시進士試에 수석으로 붙었으니, 아마도 그는 사서삼경보다는 시와 문을 즐겨 읽었을 터이다. 관직을 얻은 아비 신장申檣을 따라 신숙주도 서울로 올라갔다. 대략 일곱 살 즈음이다. 지금은 400년 늙은 푸조나무가 쌍계정을 지킨다.

그 무렵 한 살 아래 성삼문도 책을 읽었다. 충청도 홍주, 지금의 홍성 외가다. 신숙주보다 3년 일찍, 나이 열일곱에 생원시生員試에 붙은, 경학에 밝은 사내다. 성군聖君 세종의 시대, 이 천재적 사내들은 당대 최고 학술기관인 집현전에서 함께 일했다. 『훈민정음 해례본』 저자 목록에도, 그리고 『동국정운』 연구를 위해 요동 땅에 명나라 학자를 만나러 갈 때도 두 사람은 함께였다. 운명이 갈린 그 날까지, 한 사람은 살고 한 사람은 죽을 때까지 두 사람은 한 몸처럼 붙어 다녔다.

1453년 10월 10일 계유정난

수양대군이 보니 나라 꼴이 말이 아니었다. 맏형 문종이 일찍 죽어 버리고 조카 단종이 권력을 쥐었다. 그런데 자세히 보니 김종서며 황보인이며 늙은 개국 공신들이 단종을 포위하고 전횡하고 있지 않은가. 왕이라고 해 봤자 열 세 살밖에 되지 않았다. 수양의 눈에 조카 단종은 김종서 집단이 노랗게 점찍어 놓은 결재 서류에 도장이나 찍는 무력한 왕이었다.

할아버지 태종 이방원을 닮아서, 무사 기질이 충만하고 권력욕에 불타던 수양이다. 그런데 아버지 세종이 문약한 형에게 왕위를 주고, 자기는 세상 잊고 살라고 군호까지 진양에서 수양대군으로 바꿔 놓았다('수양首陽'은 백이, 숙제가 세상 등지고 들어가 살았다는 산 이름이다). 그리하여 마침내 그가 권력

찬탈을 감행하니, 계유정난이다. 김종서 무리를 척살한 수양대군은 스스로 영의정에 올라 자기 무리들을 공신으로 책봉했다. 계유정난의 '정난'은 정란政亂이 아니라 정난靖難, 즉 '난을 평정한다'는 뜻이다.

여러 공신 가운데 눈에 띄는 이름이 있다. 2등 공신 신숙주. 그리고 3등 공신 성삼문. 세조가 영의정이 됐을 때, 집현전 동료 모두가 '집대성集大成'이라 불렀던 천재 학자 박팽년은 이런 시를 썼다.

성주의 큰 은혜는 옥잔에 취하니(聖主鴻恩倒玉巵)
즐기지 아니하고 어이하랴(不樂何爲長不樂)
취하고 배부르니 태평성대 노래하세(賡歌醉飽太平時)[230]

사육신 가운데 셋이 계유정난 『공신록』에 이름을 올리고 부도덕한 영의정 수양을 찬미했으니, 이때까지는 쿠데타에 대한 집현전 학자들 입장이 정리되지는 않았다는 뜻이다.

변절자 신숙주

2년 뒤 1455년 단종을 물리치고 수양이 왕위에 올랐다. 관료 권한이 대폭 축소되고 왕권이 강화됐다. 정승들이 논의를 거치던 국정을 왕이 직접 결정했다. 배운 바와 전혀 다른 정치가 벌어지기 시작했다. 이에 항의하던 예조참판 하위지는 곤장을 맞고 옥살이를 했다. 집현전 학자들이 동요했다. 전주 이씨 왕권과 사대부의 신권臣權이 조화를 이뤄야 한다고 배운 사람들이었다. 신숙주는 달랐다. 계유정난 때 우승지로, 이듬해 비서실장인 도승지로 승진해 직

신숙주 초상.

업 정치가로 들어선 그였다.

집현전은 세종 이후 정치 관여가 금지된 학자 집단이었다. 그런데 신숙주는 신흥 정권에 붙어서 관직을 맡지 않았는가. 형제 같았던 성삼문은 신숙주를 부도덕한 변절자로 낙인찍었다. 변절자의 수괴 수양은 처단 대상이었다. 세조가 우부승지로 임명한 성삼문은 국새國璽를 부여잡고 통곡했다. 세조는 성삼문을 오래도록 째려보았다.[231]

그해 10월 신숙주는 명나라로 떠났다. 황제로부터 새 왕을 허가받는 주문사의 신분으로. 변칙적인 권력 이양을 합법화하는 작업이었다. 세조에게는 가장 중대한 일이었다. 이듬해인 1456년 정월 23일, 신숙주의 아내 윤씨가 병을 앓다 죽었다. 신숙주는 그 소식을 중국에서 전해 들었다. 함께 떠났던 맏아들 신주도 병을 얻어 귀국길에 죽었다.

그리고 6월, 집현전 학자 다섯과 무신 유성원의 사육신 사건이 터졌다. 박팽년, 성삼문, 하위지, 이개, 유응부와 유성원이 그들이다. 복위 음모가 발각되자 역신들이 두루 참살되고, 피비린내 나는 온갖 일이 벌어진 것은 두 번 말할 이유가 없다. 고문받던 성삼문이 옛 친구 신숙주에게 "네 악함이 이에 이를 줄은 몰랐다"고 일갈한 에피소드도 알 사람은 다 안다. 신숙주는 의리를 진 변절자의 상징으로 낙인찍혔다.

신숙주가 한 일, 그 평가

이후 신숙주는 영의정까지 올랐다. 세조를 이은 예종이 요절하고 성종이 왕위에 오르자 그를 옆에서 아비처럼 보필하는 원상院相으로 국정을 함께했다. 세종부터 성종까지 여섯 정권을 최고위 관료로 살았다. 그동안 그가 한 일들을 본다.

그는 훈민정음 창제에 깊숙이 간여했다. 『훈민정음 해례본』의 여덟 저자 가운데 하나다. 친구 성삼문과 함께 요동을 오가며 만든 책이 『동국정운』이다. 그 서문을 신숙주가 썼다. 류성룡이 쓴 『징비록』은 이렇게 시작한다.

'훗날 신숙주가 죽을 때 성종께서 "할 말이 있는가?"라고 물었다. 신숙주가 답했다. "원컨대 일본과 실화失和하지 마옵소서."'

신숙주는 북방으로 여진족을 정벌하고 남방으로는 왜倭를 위시한 해동 제국을 외교로 다스렸다. 그 내용을 정리해 성종에게 바친 책이 『해동제국기』다. 이 책은 일본으로 가는 통신사들의 필독서는 물론 일본 막부 사무라이들도 읽는 책이 됐다.[232]

그리고 1475년 그가 죽으매, 성종이 제문을 쓴다.

'아름다운 명성은 멀리까지 퍼져, 경은 유감이 없을 터인데 나만 마음이 아프다.'[233]

서울 종묘에는 성종 위패 옆에 신숙주 위패가 함께 모셔져 있다. 변절자가 죽으며 한 나라 왕을 마음 아프게 한다. 실록 사관이 쓴 졸기卒記는 1,300자가 넘는다. 그의 묘지墓誌는 사육신 이개의 사촌 이파李坡가 썼다. 그가 남긴 문집 『보한재집』 서문에는 이렇게 적혀 있다.

'공은 국량이 크며 그 한계를 도무지 헤아릴 수 없다.'

이 서문을 쓴 사람은 김종직이다. 명분과 의리를 이상으로 삼는 사림파의 시조다. 그 김종직까지 그를 일러 변절자라 부르지 않고 찬미했다.

그러고 보니, 신숙주를 변절자라 비난하는 기록은 실록 어디에도 없다. 오직 "신숙주는 어찌하여 육신六臣이 한 일을 하지 않았는가?"라고 묻는 헌종에게 "사육신은 실로 백세百世에 특립特立한 무리인데, 어찌 사람마다 같을 수 있겠습니까"라고 승지가 변호한 기록이 있을 뿐이다.[234] 뭔가 21세기 대한민국

경기도 의정부에 있는 신숙주묘. 아내 무송 윤씨와 합장돼 있다.

상식과 맞지 않는 사실들이다. 이상하지 않은가.

왜곡

간략하되, 정곡만 본다.

'사육신 반역이 발각되던 그날 집으로 돌아온 신숙주에게 부인 윤씨가 소리 내어 운다. "대감이 살아 오실 줄 몰랐소." 숙주가 한참 고개를 숙였다가 드니 이미 부인은 목을 매고 늘어졌다.'

기록 어디에도 이런 사실은 없다. 다만 1928년 이광수가 쓴 소설 『단종애사』에 이런 이야기가 나온다. 소설가 박종화는 소설 『목매이는 여자』에서 '숙주의 얼굴에 침을 뱉어 버렸다'고 묘사했다.

그런데 윤씨 부인은 사육신 사건 다섯 달 전에 이미 병사했다. 이들 작가가 인용한 사료 『연려실기술』에는 윤씨 부인 사망에 대해 모순된 자료가 들어 있다.

그리고 신숙주가 단종의 비인 정순왕후를 첩으로 달라고 했다는 이야기. 실록에 따르면 정순왕후를 욕심낸 사내는 윤사로다.[235] 이를 식민시대 사학자 김택영의 『한사경』이 신숙주의 짓으로 기록해 놓은 것이다.

이광수의 『단종애사』도, 김택영의 『한사경』도 사육신의 의리와 충절이 필요한 식민시대 작품들이다. 배신의 상징이 필요했고 그게 바로 수양대군이며 신숙주였다. 그리하여 신숙주의 또 다른 후손 신원식申元植이 웃는다.

"사육신 충절을 높이다 보니까 그렇게 했지만… 그래서 글이 무섭다는 거예요."

이광수 소설이 나오기 대략 10년 전 상해 임시정부에 신석우, 신백우, 신규식, 신채호 이렇게 네 신씨가 활동했다. 신숙주의 직계 손자들이다. 후에 들으니, 그 옛날 『단종애사』를 쓴 이광수 집으로 후손들이 몰려가 거칠게 항의했다고 한다. 나주 쌍계정 옆 푸조나무는 그때나 지금이나 푸르다. 땅의 역사

02 선비 의사 유이태와 거창 수승대

사실을 이길 뻔했던 거짓

조선 중기 선비 정온(1569~1641)은 거창 사람이다. 호는 동계桐溪다. 병자호란으로 조정이 청에 항복을 결정했을 때, 결사 항전을 주장했던 강경 서인 정온은 인조가 남한산성 성문을 나설 무렵 칼로 자기 배를 찔렀다. 예순일곱 때였다. 칼날이 2촌寸, 6센티미터까지 들어갔다. 튀어나온 창자를 아들이 쑤셔 넣고 배를 꿰맸다. 사흘이 되도록 죽지 않았다. 정온은 '쇠잔한 목숨이 끊어지지 않으니 괴이하다'고 인조에게 글을 바치고 낙향해 덕유산자락 모리某里에 살았다. '이름 없는 마을'이라는 뜻이다.

훗날 1728년 영조 때 정온 후손 정희량이 이인좌와 함께 군사 쿠데타를 일으켰다가 참수당했다. 그런데 할아버지 정온이 남긴 우국충절은 후손이 지은 죄를 덮고도 남아서, 1764년 영조는 정온 후손에게 불천위不遷位를 허락했다. 영원무궁토록 제사를 지내라는 뜻이다. 정온의 종갓집인 동계 고택에는 나라로부터 받은 '문계공 동계 정온지문'이라는 현판과 불천위 사당이 남아 있다.

거창에는 알면 재미있는 선비들 이야기가 많다. 1714년 추석날 동계 고택에서 술을 마셨던 선비 유이태劉以泰의 이야기도 그중 하나다.

동계 고택과 명의(名義) 유이태

1714년 추석, 산청에 살던 선비가 고택을 찾아왔다. 고택에는 정온의 증손자 정중원이 살고 있었다. 선비의 이름은 유이태다. 그는 한양에서 임금 숙종의 병을 치료하고 내려오던 길이었다. 유이태의 할아버지 유유도는 정중원의 증조부 정온에게서 학문을 배웠다. 유이태는 세상을 논하고는 산청으로 돌아갔다. 정중원이 훗날 이렇게 썼다.

'그의 귀밑머리를 보니 어느덧 하얗게 되었더라.'

유이태는 이듬해 죽었다. 예순셋이었다.

유이태는 선비 의사다. 유의儒醫라 한다. 유학자이면서 동양적 의학 이치에 통달한 선비다. 두창(천연두)과 마진(홍역) 치료에 능했다. 거창에서 태어나 남쪽 산청에서 살았는데, 워낙 의술이 뛰어나 영남과 호남 일대에 숱한 전설과 설화를 남겼다. 대충 이러하다.

'어릴 적 본인이 죽을병에 걸려 독학으로 의술을 배워 스스로 치료했고, 사람 잡아먹은 뱀을 살려 주고 타일러 뱀으로부터 침술을 선물 받았고, 닭에게 침을 아홉 개 놓았는데도 여전히 뛰어다녔다. 그 명성이 청나라까지 알려져 청 고종 병을 고쳐 주고 벼슬을 마다하고 돌아와 의술을 펼쳤다.'

뱀 침 설화는 거창 위천면 옛 위천중학교 옆 침대롱바위에 남아 있다. 그가 쓴 의서『인서문견록』서문에는 이렇게 적혀 있다.

'세상에 병이 없으면 이 책 또한 쓸모가 없을 것이니 서재에 감춰 두고 찾지 않기를 바란다.'

명의, 산청, 전설. 기시감既視感이 느껴지지 않는가. 맞다. 과연 자기 몸을 해부용으로 내놓은, 의성醫聖 허준의 스승 유의태柳義泰가 아닌가. 산청에는 유의태를 기리는 테마파크 동의보감촌이 있고 그에 관한 전설이 남아 있다.

결론부터. 유의태는 태어난 적도 죽은 적도 없는, 소설『동의보감』과 드라마 〈집념〉 속 인물이다. 거창에서 태어나 산청에서 활동하고 임금 숙종의 병을 고치고 의술을 베푼 의사는 유의태가 아니라 유이태다. 동계 고택에서 주인장과 대작하고 죽은 해가 1715년이니, 허준(1539~1615)보다 100년 뒤 사람이다. 1960년대 노정우라는 한의사가『한국인물사』에서 허준 스승 유의태를 이렇게 소개했다.

'그 할머니가 진주晋州 출신의 유柳씨인 점으로 미루어 그의 어렸을 때의 생장은 역시 경상도 산청이라고 생각된다. (중략) 그 당시 산청 지방에 유의태라는 신의神醫가 있었는데 그는 학식과 의술이 뛰어났을 뿐 아니라 인품이 호탕하고 기인奇人으로서 많은 일화와 전설을 남기고 있는데 이 유의태가 바로 허준의 의학적인 재질과 지식을 키워 준 스승이었다는 것이 여러 각도로 미루어 보아 부합되는 점이 있어 수긍이 간다.'[236]

이 짧은 소개가 들불처럼 번져 나가더니 이은성의 소설 『동의보감』에서 허준의 스승으로 일반인에게 소개가 되고, 드라마로 제작되면서 '유의태는 허준의 스승'이라는 주장이 진실로 변했다. 역시 전 문화재청장 유홍준의 신념대로 '전설도 사람들이 믿으면 사실이 된다'는 말이 거짓말이 아니다. 이후 숱한 학자들이 가공된 인물 유의태를 집중 조명하는 얼토당토않는 논문을 쏟아내더니 마침내 산청에 동의보감촌이라는 상업 시설까지 들어서게 되었다. 산청에 온 적도 없는 허준이 산청에 와서 허구 인물 유의태로부터 의학을 배웠다고 알리는 동상, 기념비 심지어 허준이 유의태를 해부했다는 해부동굴까지 만들었다.

그런데 허준보다 근 100년 뒤 사람인, 거창과 산청에 살았던 실존 인물 유이태(1652~1715)는 그 무덤도 산청에 있다. IT를 전공한 유철호라는 그의 후손이 2015년 박사 과정에 입학해 논문까지 쓰면서 '허준 스승 유의태'를 반박한 끝에 이 전설은 전설로 끝나게 됐다. 동의보감촌에 있던 '허준 스승 유의태' 가묘는 철거되고 산청과 거창 곳곳에 있던 가공 인물 유의태 전설 안내판은 속속 사실대로 환원됐다. 가짜 뉴스가 횡횡하는 이 거짓의 시대에 대중을 현혹해 온 거짓말 하나가 바로잡혀 가는 중이다.

거창 신씨, 은진 신씨 그리고 수승대

거창의 옛 이름은 거열居列이다. 넓은 땅이라는 뜻이다. 삼국시대에는 백제 땅이었다. 서기 660년, 백제가 망했다. 거열산성에서 항거하던 백제 부흥군은 3년 만에 신라군에 전멸했다. 기록에는 '장수 700명의 목을 베었다'고 써 있다. 싸우다 죽인 게 아니라 '목을 베었다'고 하니 처참하고 완벽한 패배였다.

전설에 따르면 백제 말기에 신라로 보내는 사신이 거창 위천渭川에 있는 큰 바위에서 출발하곤 했다. 나라가 흔들거리니 적국으로 가는 사신도, 보내는 이들도 기뻐했을 리가 만무했다. 하여 바위 이름이 수송대愁送臺, '슬픔을 떠나보내는 바위'다. 동계 고택에서 자동차로 10분 거리에 있다. 경치가 남도 제일이라 조선 선비들이 방문을 선망하던 곳이다.

1543년, 퇴계 이황은 수송대 소문을 듣고 놀러 왔다가 급한 일로 코앞에서 한양으로 돌아갔다. 그때 거창 선비인 요수 신권에게 글을 보냈다.

'수송대 이름이 좋지 않으니 수승대搜勝臺로 고칩시다, 그려.'

아름다움을 찾는다는, 승리를 찾는다는 뜻이다. 신권은 수송대 옆에 서재를 짓고 앞 반석에서 제자들을 가르치던 선비였다. 대학자가 보낸 시에 거창 신씨 신권은 화답시를 짓고 바위에 수승대라 새겼다.

'깊은 마음 귀한 가르침 보배로운데 서로 떨어져 그리움만 한스럽네(深荷珍重教殊絶恨望懷)'

신권의 처남인 갈천 임훈은 동갑인 퇴계가 마음에 들지 않았다. 퇴계면 퇴계지, 와 보지도 않은 곳 이름을 멋대로? 은진 임씨 임훈도 화답시를 지었다. 마지막 연은 이렇다.

'봄을 보내는 시름만 아니라 그대를 보내는 시름도 있네(不濁愁春愁送君)'

한 연에 퇴계가 없애라 했던 수송愁送을 포함해 슬플 수愁가 두 번이나 들어 있었다. 이후 수승대는 신씨들과 임씨들 싸움으로 아수라장이 됐다.

신씨 문중은 바위에 '樂水藏修之臺(요수장수지대)'라 새겼다. 신권이 숨어서 수양하던 바위라는 뜻이다. 임씨 문중은 퇴계의 시와 임훈의 화답시를 새겼다. 퇴계의 시 옆에는 '退溪命名之臺(퇴계명명지대)'라 새겼다. 임훈의 시 옆에는 '葛川杖屨之所(갈천장구지소)'라 새겼다. 갈천이 지팡이를 짚고 짚신 끌던 곳이라는 뜻이다. 퇴계가 개명했지만, 원래는 갈천이 놀던 곳이라는 자부심이다.

수승대를 둘러싼 두 가문의 쟁탈전이 끝없이 이어졌다. 신씨 문중은 신권을 기리는 구연서원 앞 바위에 '樂水愼先生藏修洞(요수신선생장수동)'이라고 큰 글씨를 새겼다. 임씨 문중은 바위에 자기네 이름들을 차곡차곡 새겼다. 날이 새면 그 상하좌우에 신씨 이름이 새겨졌다. 1805년 신씨 가문은 홍수로 떠내려간 신권의 정자 요수정을 바위 건너에 세웠다. 싸움은 사람 목숨이 오갈 정도로 커졌다. 바위는 거대한 집단 묘비명처럼 신씨, 임씨 이름으로 도배되고 말았다.

일제 강점기인 1928년 1월 3일 자 『조선일보』는 '막대한 재산과 다수한 인명까지 희생하였으나 아모 해결을 엇지 못하며 지내'라고 보도하고 있다. 바위 하나에 얽힌 집안 자존심 싸움이 수백 년을 걸치며 만들어 낸 풍경이다. 구한말 문장가 이건창(1852~1898)은 이렇게 말했다.

"아름다움은 빼어나지만 두 집안의 비루함은 민망하다."

다음은 조선 중기 유학자 남명 조식이 1558년에 쓴 지리산 기행문 『유두류록遊頭流錄』에 나오는 글이다.

경남 거창 위천면에 있는 바위 수승대는 조선 선비들이 열망하던 명승지다. 보다시피, 수백 년에 걸친 거창 신씨와 은진 임씨 가문 기(氣) 싸움에 바위는 이름 각자(刻字)로 아수라장이 됐다.

'큰 바위가 있는데 이적경, 홍연이라 새겨져 있다. (중략) 후세 사람들이 날아가 버린 새가 과연 무슨 새인지 어찌 알겠는가?'

세상에서 제일 재미난 구경이 불구경 싸움 구경이라고 했다. 가 보라. 수승대를 난장판으로 만든 싸움 구경에 해가 지는 줄 모른다.

수승대와 이태사랑바위

수승대 옆 위천 아래쪽에는 비슷하게 생긴 바위가 하나 더 있다. 명의 유이태 전설이 얽힌 바위다. 서당에서 공부하던 소년 유이태가 이 바위에 앉아 있는데, 절색 미녀가 나타나 입을 맞췄다. 파란 구슬이 입속으로 들락거리니 아이가 혼절할 지경이었다. 이를 안 훈장이 구슬을 삼키라 알려 준 그날 밤, 유이태는 구슬을 삼켜 버렸다. 그러고 나니 의통안醫通眼에 눈이 떠졌다. 그래서 후대에 바위 이름을 '이태사랑바위'라고 붙였다.

유철호는 유이태의 11대손이다. 유이태가 활동했던 산청 생초면에서 나고 자랐다. 독하게 말하면, 거머리처럼 집요한 사람이다. 동아대와 고려대에서 각각 경제학과 컴퓨터공학을 전공했다. 서울에서 IT 업체를 운영하는 기업가다. 그런 그가 2013년 경희대에서 한의학사 박사 학위를 받았다. 이력이 비범하다. 그가 말했다.

"어릴 적부터 유이태 할아버지 이야기를 듣고 살았다. 그런데 어느 틈에 소설 캐릭터인 유의태가 실존 인물이 되고 할아버지는 사라진 게 아닌가. 1984년 서울 남산도서관에서 아내 한정옥과 함께 '유이태'와 '유의태' 자료를 찾았다. 유이태는 있으되 유의태는 어디에도 근거가 없었다."

그게 시작이었다. 2011년까지 27년간 팔도와 일본과 미국을 돌며 사람을 만났고 자료를 모았다. 내친김에 2012년 경희대 대학원에 입학했다. 2015년 2월 「유이태 생애와 마진편 연구」 논문으로 박사 학위를 받고 그 논문을 산청 생초면에 있는 유이태 묘소에 바쳤다. 그가 말했다.

"거창, 산청은 물론 영호남 곳곳에 유이태 흔적이 남아 있고 기록도 남아 있다. 그런데 지금도 산청은 이를 인정하지 않고 허구 인물 유의태 동상은 물론 이름을 건 의학상까지 만들었다. 사실을 기록하고 오류를 인정해야 역사가 된다고 나는 생각한다."

땅에는 흔적이 남는다. 흔적이 역사다. 땅의 역사

유이태가 명의가 된 내력이 전설로 전해지는 이태사랑바위.

03 문화재청이 만든 테마공원, 경복궁과 덕수궁

원칙 없이 역사를 덮어 버린 조선의 궁궐들

역사 답사는 살아 있는 현장에서 역사를 되짚어 보고, 교과서에서 느낄 수 없는 역사를 몸으로 느끼는 여행이다. 그렇다면 그 현장은 옛 역사를 그대로 보존하고 있어야 가치 있는 답사를 가능하게 한다. 그런데 구한말 시대를 답사하려면 참 문제가 많다. 옛 시대보다 상대적으로 남아 있는 유적, 유물이 많지만 이상하게도 그 흔적들이 미화되거나 포장되고, 변형돼 진짜 역사는 느껴지지 않는다. 그 변형 작업을 주도하는 주체는 다름 아닌 대한민국 정부 문화재청이다. 옛 형태 그대로 보존해도 아쉬운 판에 역사를 뜯어고치고 왜곡하는 이 땅의 근대사 미화 작업이 문화재청에 의해 벌어진다. 더럽고 치사하고 창피해도 보존해야 하는 게 역사다. 그래야 현대인들이 역사를 목격하고 미래를 준비할 수 있다. 포장된 역사는 역사가 아니다. 특히 고궁에 관해서는 말이다.

문화재청의 '복원 원칙'과 월대

대한민국 문화재청은 2023년 서울 경복궁 앞 광화문 월대를 복원했다. 복원을 앞둔 발굴 조사과정에서 고종시대 월대 위에 설치됐던 식민시대 전차 철로가 발견됐다. 문화재청은 "일제가 월대와 삼군부 등 주요시설물을 훼손하고 그 위에 철로를 깔았다는 사실을 확인할 수 있었다"고 말했다. 월대 유구가 확인됐고, 전차 궤도에 의한 훼손이 확인된 이후 문화재청은 '일제가 훼손한 월대'를 예정대로 복원했다. 지금 광화문 월대는 수문장 교대식은 물론 관광객 사진 촬영 장소로 인기다.

문화재청에 따르면 이 철로는 1917년에 설치됐다. 월대가 설치된 때는 1866년 음력 3월 3일이다.[237] 문화재청 분석이 맞는다면 이번에 발견된 월대는 딱 51년 동안 있다가 철거됐다.

그런데 각종 기록을 찾아봐도 이 월대가 조선 초기 세종이 "민력民力을 동원한 월대 공사는 금지한다"고 명했다는 1431년 3월 29일 『세종실록』 외에는 등장하지 않는다. 그러니까 1431년 3월 29일부터 1866년 3월 3일까지 광화문 앞에 월대는 공식적으로 존재하지 않았다. 그런데도 문화재청은 1866년 이전 '광화문 월대' 존재 여부에 대해서는 조사하지 않을 방침이다. '원칙을 지켜야 한다'는 것이다.

원칙은 두 가지다. 첫째, 고고학적으로 '명확한 유적이 있을 경우 그 아래 지층에 대한 발굴은 최소화한다'는 원칙이다. 호기심이나 궁금증 해소를 위해 기존 월대 유적을 부술 수 없다는 논리다. 둘째, '경복궁 복원 기준 연도'다. 「경복궁 복원정비기본계획보고서」(문화재청, 1994)는 경복궁 복원 기준을 경복궁 중건이 완료된 1888년으로 설정했다. 각종 전각이 가장 많았던 시점이다. 따라서 광화문 월대 또한 그 시점을 기준으로 복원할 뿐, 그 이전 월대 존재 여부를 위한 조사는 무의미하다는 입장이다.

그래? 원칙이 그렇다면 아쉬워도 지켜볼 수밖에 없다. 일주일에 여러 차례 크고 작은 교통사고가 나고 시민들의 통행이 불편해도 참을 수밖에 없다. 원칙이니까.

그렇다면 문화재청이 주관해 역사 복원이 한창인 사대문 안 조선시대 역사 현장들을 본다. 원칙은 얼마나 잘 준수되고 있고, 역사는 얼마나 잘 복원되고 있는지 똑똑히 본다.

담장 사라진 경복궁 경회루

지금 경복궁에서 가장 인기 장소인 경회루는 사방으로 담장이 있었다. 고종시대 이전은 자료 부족으로 확인이 불가능하지만, 1888년 6월 24일 '경회루 서쪽 담장 바깥 소나무가 바람에 넘어졌다'는 기록이 남아 있다.[238] 1907년 만들어진 실측도 '북궐도형'을 보면 명확하다. '북궐도형'에는 경회루 사방으로 담이 둘러쳐 있다.

나라가 사라지고 총독부가 경복궁 전각을 철거하면서 경회루 담장 또한 철거됐다. 경복궁은 유료 공원으로 변했다. 그리고 1990년대에 경복궁 복원이 결정됐다. 그때 원칙은 '공원이 아닌 조선 정궁正宮 제 모습을 알릴 수 있는 역사적 공간 복원'이었고 복원 기준 연도는 1888년이었다.[239] 이에 따라 경회루 주변은 담장을 원형대로 복원하고, 대신 경회루 관람을 위한 전망시설 설치를 '고려한다'고 규정했다.[240] 경관은 희생하더라도 역사 복원이 필요하다는 뜻이었다.

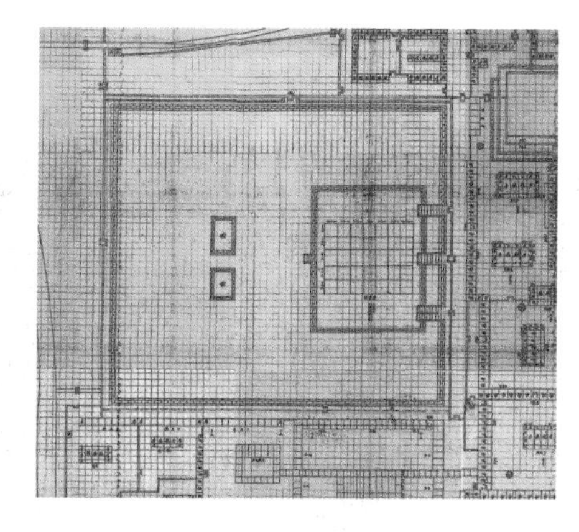

북궐도형 경회루 세부. 연못 사방에 담장이 둘러쳐 있다. [문화재청]

경복궁 경회루 연못을 동서남북 사방으로 에워쌌던 담장은 식민시대 때 철거됐다. 애초에 네 담장을 모두 복원하고 전망대를 설치하려던 문화재청은 동쪽과 북쪽 담장만 복원했다. 이유는 '관람객 편의'.

경복궁 동쪽에는 1915년 조선총독부가 개최한 '조선물산공진회' 때 만든 총독부박물관 부속 건물이 남아 있다. '일제가 훼손한' 대표적인 건물인데 경복궁관리소 사무실로 쓰고 있다.

그 전망시설과 그 담장과 복원하려 한 역사는 지금 어디 갔나. 2009년까지 북쪽과 동쪽 담장은 복원됐지만 '제일 경치가 좋은' 남쪽과 서쪽 담장은 식민시대 그대로다. 경회루 주변은 문화재청이 배제하려고 했던 '공원'이다. '역사적 공간 복원' 원칙은 어디로 갔나.

관리소 사무실로 쓰는 총독부박물관

식민시대가 시작되고 5년이 지난 1915년 조선총독부는 소위 시정始政 5주년을 기념한 '조선물산공진회'를 경복궁에서 열었다. 자기네 통치를 정당화하고 피식민 조선이 자기들로 인해 변화한 모습을 자랑하겠다는 의도였다. 그때 총독부는 경복궁 경내 건춘문 북쪽에 총독부박물관을 설치했다. 본관과 사무동을 포함해 근대 건물 두 개 동으로 구성된 이 박물관에는 조선 고미술품을 전시했다.

21세기 경복궁 건춘문 북쪽에는 잘생긴 2층 건물이 하나 보인다. 숲에 숨어서 관람객 눈에 잘 띄지 않는다. 이게 1915년 당시 총독부가 건축한 총독부박물관 부속 건물이다. 현재 용도는 경복궁관리소 사무실이다.

경복궁 복원 기준 연도는 1888년이다. 복원 원칙은 '1888년을 기준으로 일제 만행으로 훼손된 경복궁 복원'이다. 그런데 '1915년' '일제가 만든' 이 건물은 왜 저기 숨어 있는가. 게다가 용도 또한 대중에게 공개된 시설이 아니라 관리사무소다. 무슨 원칙을 적용했는가. 아니 원칙을 적용했는가.

'촬영 세트장' 공사, 덕수궁 월대

덕수궁 앞에는 '대한제국 황궁 정문의 면모를 되찾기 위해' 대한문 앞 월대가 재현됐다. 이 월대는 1899년 고종이 살던 경운궁 시절에 공사에 들어가 이듬해 완공된 것으로 추정된다.[241] 그리고 1912년 이전 총독부에 의해 철거된 듯하다.[242]

해방 후 1968년 덕수궁 앞 태평로가 확장되면서 덕수궁 담장은 현재 담장 위치로 축소됐다. 대한문은 지금의 태평로 횡단보도 자리에 섬처럼 남아 있었다. 1970년 대한문은 33미터 동쪽의 지금 위치로 이전됐다. 이때 대한문은 위치에 관한 한 역사성을 잃었다.

54년 전 이전한 대한문 앞에 111년 전 사라진 월대가 '재현'됐다. '복원'이 아니라 '재현'이다. 본질적으로 옛 대한문 앞에 10년 남짓 존재했던 월대는 복원할 역사적 근거가 희박하다. 그래서 문화재청은 '복구'라는 단어 대신 '재현'을 사용해야 했다.

그렇다면 어떻게 재현하겠다는 것인가. 땅을 파도 옛 월대 흔적은 나올 턱이 없었다. 재현하겠다는 월대 규모는 모두 옛날 사진으로 추정했다. 그런데 그 사진들은 지형지물이 '33미터' 변형된 현재의 위치에서 기준이 될 수가 없다.

또 현 대한문 앞은 추정 규모의 월대가 들어설 공간이 없다. 그래서 '시민 보행, 교통 상황 등 현실적 조건을 감안하여 복원이 아닌 재현으로'[243] 공사가 시작됐고, 끝났다. 그래서 대한문 앞에는 촬영 세트장같이 원형에서 축소된 정체불명의 구조물이 볼품없이 누워 있다. 여기 적용된 원칙은 또 무엇인가.

증축해서 사무실로 쓸 돈덕전

덕수궁 북서쪽 구석에는 고종시대 서양식 건물 돈덕전이 있었다. 돈덕전은 고종이 외국 귀빈을 접견하고 연회를 열었던 2층 건물이다. 1907년 고종이 강제 퇴위된 뒤 순종이 여기에서 즉위했다. 돈덕전은 1920년대에 철거됐다.

돈덕전에 대해 남아 있는 자료는 사진 몇 점과 1층 평면도, 땅에서 나온 유적이 전부다. 그런데 지금 그 '재현' 공사가 완료돼 일반인에게 공개됐다.

처음부터 복원은 불가능했다. 1층 평면 배치를 제외한 모든 실내 구조 복원은 출발이 상상想像이었다. 건축 골격도, 설계도 21세기에 창작된 신축이다. 자문회의에서도 '원형 논란을 불식시키고 활용도를 재고할 방안을 강구하라'고 했다.[244] 또 자문회의는 활용을 위해 '철골보 보강방법'을 고려하라고 충고했다. 벽돌 건물인 돈덕전을 '실용적 용도'를 위해 철근 콘크리트로 만들라고 한 것이다.

더 큰 문제는 재현도 아니라는 점이었다. 돈덕전 원형은 2층이다. 그런데 신축 돈덕전은 3층으로 증축됐다. 증축된 3층은 덕수궁관리소 사무실로 사용 중이다. 증축도 용도도 외부 전문가 자문 없이 문화재청 궁능유적본부 내부에서 결정했다.

이게 복원인가? 양보해서, 재현인가? 누구를 위한 복원이고 재현이고 신축인가. 여기 적용한 원칙은 무엇인가. 원형을 복원하라고 해도 모자랄 판에, '원형 대신 활용도 재고'를 들이댄 자문위원은 또 뭔가.

2021년에는 돈덕전 앞에서 600년 넘도록 살고 있던 회화나무 한 그루를 5미터 전방으로 옮겨 심었다. 철근 콘크리트 건물 신축을 위해 살아 있는 역사를 옮겼다. 자문위원들은 돈덕전이 '대한제국의 개방화와 국제화'를 상징한다고 해서 '순종 즉위는 일제에 의해 강제된 역사이므로 이를 표방해선 안 된다'고 자문했다.[245]

임진왜란 전에 심은 600년 된 노거수를 옮기고 역사를 이렇게 은폐하면서까지 대한제국 건물을 지은 목적이 뭘까.

무원칙의 원칙을 모아 보니 온통 대한제국이고 고종이다. 이로써 대한민국 국민은 '간악한 일제가 담장을 철거한' 탁 트인 경회루 경치를 감상한 뒤, '총독부박물관' 건물에 상주한 경복궁관리소 관할 경복궁을 떠나, 촬영 세트장으로 변한 덕수궁 월대를 넘어서 '순종 황제가 즉위한 장소임을 절대로 알리면 안 되는' 덕수궁관리소가 상주한 3층짜리 신축 건물에서 끝나는 테마공원 조선 궁궐을 소유하게 되었다. 그 무원칙과 편의의 원칙 사이에 광화문 월대의 비밀은 영원히 비밀로 남고. 땅의 역사

덕수궁 돈덕전은 2층이던 건물을 3층으로 증축했다. 3층 용도는 덕수궁관리소 사무실이다.

04 경복궁관리소 140미터 앞에서 발견된 사라진 궁궐 문

'행방불명' 경복궁 영추문 소문(小門)의 진짜 행방

서울 경복궁 자경전 동쪽 담장에는 정체 모를 벽돌문이 붙어 있다. 꽃담을 가진 자경전과 어울리지 않는 문이다. 그 어느 보고서나 안내서, 안내판에도 설명이 없다. 그런데 이 문이 1926년 붕괴됐던 경복궁 서쪽 영추문 문루에 있던 소문임이 밝혀졌다. 영추문이 전면 철거된 이래 행방을 알 수 없다고 한 문이 경복궁 한가운데 떡하니 서 있는 것이다.

경치 구경과 사연 읽기 그리고 맛집 탐방. 여행이 가지는 3대 묘미다. 특히 역사 답사라면 장소에 얽힌 사연이 큰 묘미다. 만약 그 사연이 틀렸다면? 역사 답사는 허탈해진다. 전문 지식이 없는 일반 대중이 의지하는 정보원은 국가기관이다. 그 국가기관이 내세우는 온갖 정보는 '1 더하기 1은 2'라는 계산처럼 의심할 여지 없이 옳아야 정상이다. 그런데 '지나가는 저 나그네 간첩인가 다시 보자'다. 세상만사를 문화 관련 공무원이 다 알 수는 없는 법이다.

온 국민이 즐겨 찾는 서울 경복궁 사연도 마찬가지다. 경복궁 서쪽 문인 영추문에 얽힌 이야기가 많은데, 문화재청은 낫 놓고 기역 자도 모르는 무식쟁이처럼 이 영추문에 대해 제대로 파악하지도 못하고 있다. 문화재청은 "영추문 문루에 있었던 작은 문 원본은 행방불명"이라고 하는데 알고 보니 100년 넘게 그대로 서 있는 게 아닌가. 그것도 문화재청 사무실 바로 앞에.

영추문의 탄생과 종말과 부활

영추문迎秋門은 경복궁 서쪽 대문이다. 사연이 많은 문이다. 태조~세종 사이에 건축되고 세종 때인 1426년 집현전 학자들에 의해 영추문이라 명명됐다.[246] 임진왜란 때 사라진 영추문은 고종시대인 1865년 음력 11월 4일 경복궁 중건과정에서 단청을 올리며 재건됐다.[247]

청일전쟁 직전인 1894년 음력 6월 21일 일본군 혼성여단이 이 문을 부수고 경복궁에 난입해 왕실 수비대인 시위대와 전투를 벌였다. 1896년 2월 고종이 러시아공사관으로 달아난 아관파천 이후 경복궁은 잡초 무성한 빈집으로 변했다. 13년 뒤인 1909년 양력 3월 6일에는 영추문 담장에 '한국정부의 제공諸公은 부귀영화를 일삼고 국고의 봉급을 받으면서도 일본인 고용됨을

현재 경복궁 영추문. 1975년 지금 자리에 철근 콘크리트로 복원됐다. 원래 쓰였던 자재는 사용되지 않았다.

면치 못한다'며 정신 차리고 궐기하라는 의병 통고문이 나붙기도 했다.[248]

한일병합 직전인 1910년 5월에는 경복궁 내 건물 4,000여 칸이 경매로 넘어갔다.[249] 1911년 5월 17일 옛 황제 순종은 이왕직을 통해 경복궁 부지를 총독부에 넘겼다.[250] 식민시대인 1923년 10월 3일 영추문 앞으로 전차 노선이 개통됐다.[251] 이 노선은 고종시대 광화문 월대 위를 지나갔다. 고종이 만든 월대는 그때 사라졌다.

운행 3년 만인 1926년 4월 27일 오전 9시 55분, 갑자기 영추문 문루와 북쪽 담장이 무너졌다. 문루 아래에서 놀고 있던 이귀백이라는 네 살배기 사내아이가 흙과 돌에 파묻혔다가 지나가던 『조선신문』 배달원 이청산에 의해 구조됐다.[252] 『매일신보』는 '늘 왕래하는 전차 탓에 성벽이 울리어 결국 무너진 듯하다더라'고 보도했다. 한 달 만인 1926년 5월, 영추문은 전면 철거되고 그 자리에 작은 출입문이 들어섰다.

그리고 1975년 박정희 정부 때 영추문이 복원됐다. 사라진 지 49년 만이다. 그해 8월 30일 준공식을 가진 영추문은 흙과 돌 대신 콘크리트를 사용해 복원됐다. 원래 영추문 자리 안쪽에 군부대가 주둔한 탓에 위치도 50미터 북쪽으로 이동했다. 문화재청은 향후 영추문을 원위치에 제대로 복원할 계획이다. 여기까지가 영추문 시말과 미래다.

종적을 감춘 영추문 월문(月門)

북쪽 담장 붕괴 직후 영추문은 통째로 철거됐다. 영추문 단청 작업 한 달 전에 완공된 문루 위쪽 두 월문도 사라졌다. 월문은 아치형 출입구에 벽돌로 쌓은 소문이다. 경복궁 북문인 신무문과 동문인 건춘문에는 월문이 남아 있다. 남쪽인 광화문에는 석문石門이 문루 양편에 서 있다.

영추문 월문 출입구 위쪽 양편에 봉鳳(봉황 수컷)과 황凰(봉황 암컷)이 새겨진 부조가 붙어 있다. 신무문 월문에는 박쥐가 새겨져 있다. 봉은 꼬리가 화려하고 황은 화려함이 덜하다. 그런데 1975년 복원된 영추문 남북 월문에는 꼬리가 화려한 수컷 '봉'만 두 마리가 붙어 있다. 봉과 황이 아니라 봉과 봉으로 잘못 복원된 것이다.

국립중앙박물관에는 조선총독부박물관이 소장했던 유리건판 사진이 보관돼 있다. 중앙박물관 홈페이지에서 검색할 수 있다. 그 가운데 각목들이 떠받치고 있는 벽돌문 사진이 있는데, 제목은 '영추문 소문 측면'이다. 소장품 번호는 '건판008642'. 박물관이 적어 넣은 설명문에는 이렇게 적혀 있다.

1926년 4월 27일 전차 진동이 누적되며 붕괴된 경복궁 서문 영추문. 왼쪽 지붕 아래 네모난 작은 문 월문이 보인다. [국립중앙박물관]

'경복궁 영추문루 소문 측면. 바닥에 내려놓은 영추문 위의 작은 벽돌문이다. 영추문은 1926년 4월에 석축 일부가 무너져 내려 그 후 문루 전체를 헐어낸 것으로 알려져 있다. 지금은 이 벽돌문의 행방을 알 수 없다.'

과연 그럴까. 과연 박물관 설명처럼 영추문 월문은 행방불명일까.

정체불명의 벽돌문

근정전 동쪽에 있는 자경전慈慶殿은 조 대비 거처용으로 고종 때 만든 건물이다. 실제로는 고종이 사람을 만나고 강의를 여는 장소로 사용됐다.[253] 담장 가운데 서쪽 꽃담과 북쪽 십장생 굴뚝이 유명하다.

그런데 동쪽 담장에는 전혀 자경전 분위기와 맞지 않는 문이 하나 붙어 있다. 1990년대 나온 각종 경복궁 복원 관련 보고서부터 2023년 10월까지 나와 있는 경복궁 안내서 어디에도 이 문에 대한 설명은 나오지 않는다. 그냥 정체가 불명이다.

이 문을 만든 재료가 벽돌이다. 그리고 아치형 출입구 위쪽 양편에 봉과 황 부조가 마주 보는 방향으로 설치돼 있다. 맞다. 영추문 문루에 있었던 월문과 형태가 똑같다. 그렇다면 각목으로 받쳐 놓은 총독부박물관 유리건판 사진 속 영추문 월문과 어떤 관계일까.

그 문이 바로 이 문이다. 영추문 월문(소문)은 중앙박물관 설명과 달리 행방이 불명인 적이 없었다. 월문은 1926년 4월 영추문 붕괴 이후 2023년 10월까지 단 1초도 실종된 적 없이 바로 이 자경원 담벼락에서 해방을 맞고 전쟁을 목격했으며, 광화문광장에서 환호하는 붉은악마의 함성을 들었다. 그리고 이 소문은 중앙박물관 설명과 달리 영추문 남북 월문 가운데 북쪽 문이다. 중앙박물관에 있는 '영추문 문루 남면南面 소문' 사진에는 아치문 양쪽에 있는 봉황이 마주 보지 않고 같은 방향을 바라보고 있다.

'빼박' 증거, 사진과 기록

뒷장의 [사진 1]과 [사진 2]를 비교하면 명확하다. [사진 1] 속 벽돌문 뒤편으로 건물이 보인다. 벽돌문 바로 위쪽으로 지붕 끝부분 장식인 용두龍頭(용머리)가 보인다. 2023년 10월 기준 자경전 벽돌문을 촬영한 [사진 2]와 비교하면 이 자경전 용두 부분이 정확하게 일치한다. 그러니까 [사진 1]은 붕괴된 영추문을 철거한 뒤 문루 북쪽 소문을 자경전 현 위치로 이전하는 장면을 촬영한 사진이다. 장소도 동일하고 문 자체도 동일하다. 아치형 출입구 위쪽 양편에 '봉'과 '황'이 새겨져 있는 것도 똑같다. 이 문이, 그 문이다.

자경전은 1915년 총독부가 경복궁에서 조선물산공진회를 개최하면서 공진회 사무실로 전용됐다. 행랑은 창고로 사용됐다. 이후 조선총독부박물관 사무실, 조선박람회 사무실 따위로 해방 때까지 사용됐다. 경복궁 건물들은 대부분 식민시대에 철거됐지만 자경전과 부속 건물은 이런 연유로 살아남았다.

국가기록원이 소장한 1929년 '조선박람회장 배치도'에는 자경원 동쪽과 남쪽에 '산업북관産業北館' 전시관이 설치돼 있다. 1930년 '조선총독부 부지 평면도'에는 박람회용 건물들이 철거돼 있다. 두 지도를 겹치면 신축된 자경원 동쪽 담장과 산업북관 전시관 외벽 위치가 일치한다. 그러니까 영추문 월문이 산업북관 전시물로 고정돼 있었다가 전시관 철거 후 자경원 담장 속으로 들어갔다는 뜻이다.

국립중앙박물관이 소장한 조선총독부박물관 문서 가운데 「영추문迎秋門 소문小門 이전 건」이라는 문서가 있다. 대정大正 15년(1926) 5월 27일 조선총독부 종교과장이 결재한 영추문 처리 보고서다. 관리번호는 'D012-013'이다. 문서에는 '금번 해체시킨 영추문 재료 가운데 소문만은 고적자료 제공을 위해 그대로 이전 보존을 고려한다'라고 적혀 있다. 자경전 담장에 있는 벽돌문이 영추문 월문임은 이렇게 사진과 문서를 통해 알 수 있다.

또 이 보고서에는 대들보 용두를 비롯해 부재 8건은 총독부박물관으로 이관한다는 내용이 첨부돼 있다. 국립고궁박물관이 소장한 출처 불명 용두(유물번호: 경복209)를 비롯해 국립박물관 목록을 찾으면 영추문 용두가 나올 확률이 크다.

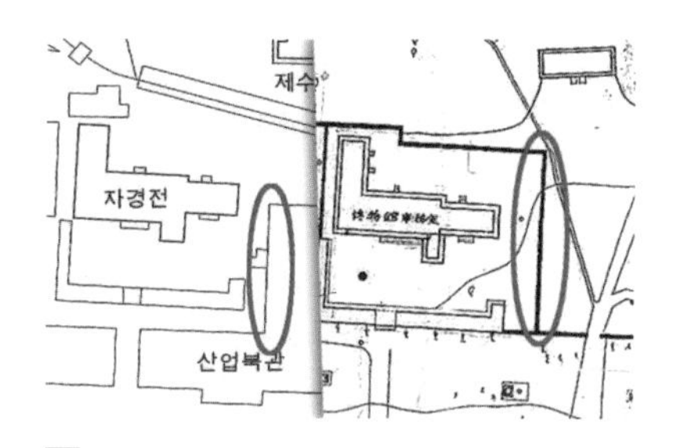

1929년 조선박람회 평면도(왼쪽)와 1930년대 총독부 부지 평면도. 빨간 선이 각각 전시관 외벽과 전시관 철거 후 자경전(총독부박물관 사무실) 담장이다. [국가기록원]

좌측 [사진 1] 1926년 촬영된 영추문 북쪽 월문. 붕괴 직후 자경전 구역으로 이전된 장면이다. 지붕 너머로 자경전 지붕과 용두(용머리)가 보인다. [국립중앙박물관]
우측 [사진 2] 2023년 10월 촬영한 자경전 동쪽 담장 벽돌문. 지붕 위로 자경전 지붕 용두가 보인다. 1926년 사진과 위치 및 배경이 동일하다.

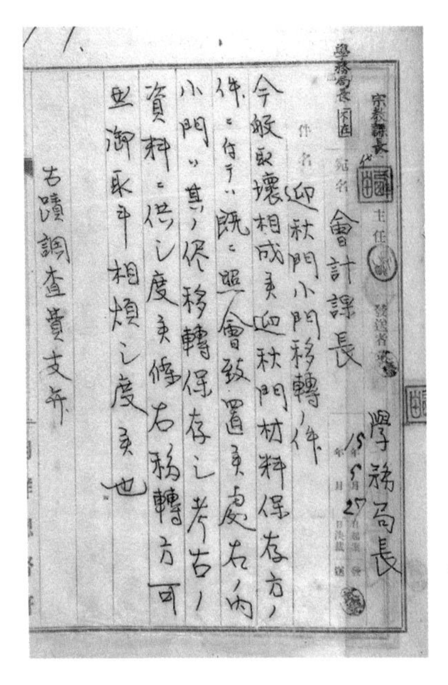
學務局長
會計課長
件名 迎秋門小門移轉ノ件
今般取壊相成タル迎秋門材料保存方ノ件ニ付テハ既ニ照會致置タル處右ノ内小門ハ其ノ儘移轉保存シ考古ノ資料ニ供シ度ク候條右移轉方可然御取計相煩シ度候也
古蹟調査費支弁

붕괴된 영추문 처리를 두고 1926년 5월 27일 총독부 학무국에서 작성한 보고서. '소문은 고적 조사를 위해 이전한다'고 돼 있다. [국립중앙박물관]

관리사무소에서 월문까지 140미터

문화재청 궁능유적본부는 "부서진 부자재의 소재는 알지 못하며 다만 현판은 국립중앙박물관에 소장되어 있는 것으로 알고 있다"고 말했다.

영추문 월문이 있는 자경원 남동쪽에 경복궁관리소가 있다. 궁능유적본부 소속으로 경복궁을 관할한다. 사무실은 1915년 조선물산공진회 때 만든 조선총독부박물관 부속 건물이다. 그 관리소 건물에서 자경전 담장에 붙은 월문까지 거리는 140미터다. 영추문 월문은 이전한 지 근 100년째 그곳에 무명씨無名氏로 서 있다.

자경전 월대 아래에는 돌로 만든 서수瑞獸 한 마리가 기단 위에 앉아 있다. 전차 개통과 함께 철거된 경복궁 서십자각 서수다. 담장 속 벽돌문과 함께 자

경전과는 아무 역사적 관련이 없는 석물이다.[254]

역사적 근거 없이 상상력으로 '조선 왕조 내내 소통 공간이었다'라며 진행한 광화문 월대 공사 같은 일이 또 벌어져야겠는가. 경복궁 복원은 2050년대까지 계속될 대역사다. 타향살이 석물들, 영추문 월문과 서수도 마찬가지다. 그래, 똑바로 여행하고 싶은 우리와 똑바로 여행하기 힘들게 만드는 저 문화재청. [땅의 역사]

05 런던타워에 있는 17세기 일본 갑옷

광대가 된 하멜과 사무라이가 된 애덤스

갑옷과 400년 전 일본 히라도

2023년 1월 11일 영국 총리 리시 수낵Sunak과 일본 총리 기시다 후미오岸田文雄가 영국 런던타워에서 일본 갑옷 하나를 관람했다. 갑옷은 410년 전인 1613년 9월 19일 도쿠가와 이에야스德川家康의 셋째 아들인 에도 막부 쇼군 도쿠가와 히데타다秀忠가 잉글랜드 왕 제임스 1세에게 준 선물이다. '410년 전'이다. 선물을 받아 온 사람은 잉글랜드 동인도회사 소속 클로브Clove호 선장 존 새리스Saris다. 새리스는 1613년 일본 나가사키 히라도平戸市에 무역대표부 격인 영국 상관을 개설했다.

상관 개설에는 미우라 안진三浦按針이라는 사무라이의 힘이 컸다. 미우라 안진은 영국인이다. 영국 이름은 윌리엄 애덤스Adams다. 이보다 13년 전인 1600년 4월 12일 일본 해안에 난파됐던 네덜란드 동인도회사 소속 리프데호의 항해사였다. 애덤스는 도쿠가와 이에야스의 외교 고문이 됐다. 사무라이 신분도, 그에 맞는 이름도 받았다. 그 이름이 미우라 안진이다. '안진按針'은 도선사라는 뜻이다.

영국 상관이 설립되고 53년 뒤인 1666년 9월 6일 이번에는 네덜란드 동인도회사 소속 선원 8명이 히라도에 상륙했다. 13년 전인 1653년 바타비아(현 인도네시아) 자카르타에서 나가사키로 항해하다가 풍랑을 만나 사라진 사람들이다. 행방이 묘연했던 선원들이 무사 귀환하자 사람들은 깜짝 놀랐다. 훗날 이들 가운데 하나였던 항해사가 13년 동안 못 받은 임금을 받기 위해 작성한 보고서에는 이런 내용이 적혀 있다.

일본 나가사키현 히라도에는 영국인 사무라이 미우라 안진 묘가 있다. 미우라 본명은 윌리엄 애덤스다. 423년 전인 1600년 네덜란드 동인도회사 리프데호가 난파하며 애덤스는 일본에 정착했다. 에도막부 쇼군 도쿠가와 이에야스는 애덤스를 외교 고문으로 고용하고 사무라이 신분도 줬다.

'13년 28일 동안 우리는 광대처럼 춤을 췄고 땔감을 구했고 풀을 뱄고 담장을 만들었고 논에 물길을 만들었다.'

그들이 억류됐던 나라는 조선이었고, 이 보고서 제목은 '하멜 표류기'다. 자, 2023년 런던타워에서 영·일 두 나라 총리가 마주한 갑옷과 영국인 사무라이 미우라 안진과 네덜란드인 광대 헨드릭 하멜 이야기.

17세기, 교류의 시대

영-일 정상회담 즈음에 영국 총리실이 트위터에 올린 사진이 흥미롭다. 영·일 양국 총리가 런던타워에서 일본 갑옷을 감상하는 사진이다. 설명이 이렇다.

'1613년, 첫 번째 잉글랜드 통상사절단이 일본에 도착했다. 그들은 쇼군 도쿠가와 히데타다 선물을 가지고 돌아왔다.'

영국 총리 수낵은 일본『니혼게이자이신문』에 이렇게 기고했다.

'우리는 미래를 보고 있지만 영·일 관계는 과거에 깊게 뿌리를 내리고 있다. 410년 전 제임스 1세가 받은 이 갑옷과 교류는 새 시대 영·일 관계 중심에 있는 안보와 번영을 상징한다.'[255]

15세기 포르투갈이 문을 연 대항해시대는 '평면 지구에 고립돼 있는' 동과

2023년 1월 11일 영국 런던타워에서 410년 전 에도막부가 영국 왕실에 보낸 일본 갑옷을 감상 중인 영·일 총리들. 영국 총리 리시 수낵은 이 갑옷을 "새 시대 안보와 번영의 상징"이라고 했다. [영국 총리실 트위터]

서를 이어 붙였다. 1543년 극동에 있는 일본에 포르투갈인이 화승총을 전하고 이어서 포르투갈과 스페인 신부, 상인들이 일본에 진입했다. 일본은 1582년 '견구소년사절단'을 꾸려 소년 4명을 바티칸으로 보냈다. 새로운 시장을 찾아 유럽인이 아시아로 밀려들었다. 포르투갈과 스페인에 이어 네덜란드와 영국이 끼어들었다.

영국인 윌리엄 애덤스의 표류

1567년 네덜란드가 스페인을 상대로 독립전쟁을 시작했다. 개전과 함께 공화국을 선포한 네덜란드는 유럽 각국에 의해 독립이 실질적으로 인정되면서 무역 전쟁에도 뛰어들었다. 1602년 영국에 이어 무역회사인 동인도회사를 설립하고 유럽 각국에 선원 모집 공고를 내걸었다. 그 공고를 보고 런던 빈

민가 출신 사내 윌리엄 애덤스가 항해사로 지원했다. 1598년 6월 24일 로테르담을 출항한 선단 다섯 척 가운데 두 척은 스페인 해적에 나포됐고 한 척은 돌아갔다. 또 한 척은 태평양에서 침몰했고 애덤스가 탄 리프데호는 태평양을 헤매다 2년이 지난 1600년 4월 12일 일본 동쪽 가마쿠라 해변에 표착했다.[256] 무기 가득한 배에서 피골이 상접한 비렁뱅이 24명이 튀어나왔다. 사람들은 이들에게 음식을 준 뒤 최고 권력자가 있는 오사카로 보냈다. 권력자 이름은 도쿠가와 이에야스다.

이미 일본에 우글거리던 스페인과 포르투갈 신부들은 '신학의 화약통'인 네덜란드 신교도들을 보고 경악했다. 예수회 신부들이 이에야스에게 단단하게 일렀다.

"일본에 해악을 끼치는 신교도 악마다. 죽여라."

쇼군은 듣지 않았다. 며칠 애덤스를 감옥에 가뒀지만 곧 석방했다. 이에야스와 애덤스는 가톨릭과 개신교의 차이, 지구를 도는 여러 항로와 선박에 대해 한밤중까지 얘기했다. 이에야스는 영국과 전쟁과 평화와 모든 종류의 짐승과 천국에 대해 물었고 개신교도 악마는 소상하게 대답했다. 애덤스는 목숨을 건졌다.

애덤스가 활짝 연 일본의 교류

1603년 도쿠가와 이에야스가 내전에서 승리했다. 도쿠가와는 쇼군에 취임했다. 에도江戶(도쿄)에 있는 도쿠가와 막부는 애덤스를 막부 외교 고문에 임명했다. 영국으로 돌려보내 달라는 청원은 거부됐다. 대신 애덤스는 미우라 안진이라는 이름과 쇼군 알현권을 가진 상급 무사 하타모토 신분과 영지,

농노를 받았다. 가난한 영국 선원이, 말하자면 귀족이 되었다.

동남아에 식민지를 만든 네덜란드와 영국이 '영국인 애덤스가 죽지 않았을 뿐더러 사무라이가 됐다'는 소문을 들었다. 도쿠가와 막부는 미우라 안진을 통해 네덜란드, 영국과 통상하게 됐다. 1604년 애덤스는 이에야스 명으로 80톤짜리 유럽식 선박을 건조했다. 1609년 120톤짜리 선박도 건조해 성공리에 진수시켰다. '산 부에나 벤투라San Buena Ventura'로 명명된 이 배는 1610년 일본에 난파된 스페인 함대에 임대돼 태평양을 건너 뉴멕시코에 도착했다.[257] 배에는 이에야스가 고른 일본인 22명이 타고 있었다.

1613년 이에야스가 은퇴하고 아들 히데타다가 쇼군에 올랐다. 그해 센다이번 상급 무사 하세쿠라 쓰네나가支倉常長가 자체 제작한 500톤짜리 범선 '다테마루伊達丸'를 타고 태평양을 건넜다. 배에는 산 후안 바우티스타라는 스페인 이름도 붙어 있었다. 하세쿠라 사절단 180명은 도쿠가와 막부의 교역 요청 친서를 휴대했다. 사절단은 멕시코에 이어 스페인과 바티칸까지 방문한 뒤 1620년 귀국했다. 일본과 세계의 '교류交流'. 영국인 사무라이 미우라 안진에게 무역과 조선 자문을 맡긴 결과였다.

히데타다의 갑옷과 불쌍한 하멜

1611년 4월 18일 영국 동인도회사 소속 클로브호가 런던을 떠났다. 배에는 아시아 제국 군주에게 보낼 국왕 제임스 1세의 통상 요청서와 선물이 실려 있었다. 일본 국왕에게 줄 선물은 망원경이었다. 1612년 10월 바타비아 반탐에 도착했을 때 선장 새리스는 '일본에 영국인이 산다'는 소식을 접했다. 그 영국인이 반탐 지역으로 보낸 편지에는 '내가 잘 산다, 영향력이 있다, 일본은 자원이 무궁무진하다' 따위 내용이 가득했다. 그리고 해를 넘긴 1613년 6월 10일 클로브호가 나가사키 히라도섬에 나타났다. 7월 어느 날 소문만 무성하던 영국인 사무라이 애덤스가 히라도에 나타났다.

9월 8일 이들은 애덤스 안내를 받으며 에도 부근 시즈오카에서 은퇴한 쇼군 도쿠가와 이에야스를 만났다. 이에야스 보좌관이 바로 애덤스였다. 그리고 9월 17일 새리스는 에도에서 쇼군 히데타다를 만났다. 새리스는 쇼군에게 망원경과 제임스 1세 통상 요청서를 바쳤다. 9월 19일 저녁 히데타다가 제임스 1세에게 보내는 답서와 갑옷 두 벌, 장검長劍 한 자루를 답례품으로 새리스 숙소로 보내왔다.[258]

이에야스가 애덤스에게 "이제 클로브호를 타고 귀향해도 좋다"고 했지만 '일본인 미우라 안진'은 고민 끝에 일본 잔류를 택했다. 애덤스는 막부를 떠나 영국 동인도회사 직원으로 히라도 영국 상관 개설에 참여했다.

런던 빈민가 사내 윌리엄 애덤스는 영향력과 재력이 있는 사무라이 미우라 안진으로 살다가 1620년 히라도에서 죽었다. 그의 무덤도 히라도에 있다. 함께 일본에 정착한 동료 얀 요스텐Jan Joosten은 1609년 히라도에 네덜란드 동인도회사 대표부를 개설했다. 네덜란드 상관은 1641년 나가사키 인공섬 데지마出島로 대표부를 이전했다. 데지마는 이후 일본 근대화의 근원지가 됐다.

얀 요스텐은 1623년 네덜란드로 복귀하기 위해 바타비아로 떠났다가 입항이 거부되자 일본 귀환 도중 익사했다. 임무를 완수한 새리스는 일본을 떠나 이듬해 9월 런던에서 제임스 1세에게 임무 완수를 보고하고 갑옷 두 벌을 헌상했다.

2023년 1월, 영국과 일본 총리가 나란히 서서 구경한 갑옷이 바로 이 갑옷

런던타워에 소장된 도쿠가와 히데타다 갑옷. [영국왕실 컬렉션]

이다. 두 리더가 갑옷 앞에 서기까지 미우라 안진, 윌리엄 애덤스의 발자국이 찍혀 있다. 이토 히로부미, 이노우에 가오루 같은 일본 메이지유신 지사들이 근대화의 길목에서 그 발자국을 따라 영국으로 유학을 떠나 그 근대를 목격했다. 교류가 가진 힘이 이렇게 묵직하고 강하다.

조선과 하멜

짤막하게 우리네 하멜 사연을 들어 본다. 네덜란드 동인도회사 소속 '스페르베르'호 항해사인 하멜은 1653년 8월 16일 조선 제주도에 표착했다. 며칠 뒤 한성에서 통역관이 왔는데, 알고 보니 13년을 먼저 표착했던 네덜란드인이자 동인도회사 선배 직원 벨테브레이, 박연이었다. 박연은 하멜에게 "이 나라는 한번 들어오면 죽을 때까지 못 나간다"고 말했다.

이후 하멜을 비롯한 생존자 8명은 양반집에 불려 가 광대춤을 추고 땔감을 줍고 잡초를 베고 무너진 담장을 수선하고 논에 댈 물길을 만들면서 이를 갈았다.

그러다 1666년 9월 4일 마지막 유배지인 전남 여수에서 미리 사 둔 어선을 타고 탈출했다. 이틀 만인 9월 6일, 조선 억류 13년 28일 만에 뭍이 보여서 상륙해 보니 66년 전 애덤스가, 53년 전 새리스가 상륙했던 그 히라도가 아닌

전남 강진 병영마을 돌담. 13년 동안 조선에 억류됐던 하멜 일행이 전수한 돌 쌓기 방식이라고 전한다.

가.[259] 조선 정부는 그 13년 동안 이들을 외교 고문으로 고용하기는커녕 중국 사신에게 들킬까 봐 전남 강진으로, 여수로 쫓아내 은폐하고 망각해 버렸다. 하멜이 불쌍하고 조선이 불쌍하고 대한민국이 기적이다. 무엇이 기적을 만들었는가. 간단하다. 교류가 힘이고 내공이다. 땅의 역사

06 여자의 여행

족쇄 찬 조선 여자와 당찬 여자 금원

'가만히 내 인생人生을 생각해 보았다. 금수로 태어나지 않고 사람으로 태어난 것이 실로 다행이요, 사람으로 태어났으되 야만인이 사는 곳에 태어나지 않고 우리나라와 같은 문명국에 태어난 것은 더욱 다행이다. 그러나 남자로 태어나지 않고 여자로 태어난 것은 불행이요, 부귀한 집안에 태어나지 못하고 가난한 집안에 태어난 것도 불행이다. 그러나 하늘은 나에게 산수山水를 즐기는 어진 성품과 눈과 귀로 보고 들을 수 있는 능력을 주어 다만 산수를 즐기는 데 그치지 않고 고절하게 보고 듣게 해 주었으니 얼마나 다행인가.'260

남장 여자 금원의 여행

서기 1830년 춘삼월 열네 살 먹은 여자아이 금원이 고향인 원주에서 출발해 팔도를 유람한다. 제천과 단양, 영춘, 청풍 그리고 금강산까지, 또 관동팔경의 고성과 양양, 강릉, 울진, 삼척을 유람하고 설악산까지 갔다가 한양으로 간다. 한양을 두루 구경한 뒤 금원은 고향으로 돌아간다. 훗날 금원이 자기가 여행했던 추억을 글로 남긴다. 앞글은 그 기록 『호동서락기湖東西樂記』 서문이다. 조금 서글프다. 그때 금원은 남자로 변장을 하고 떠났다.

금원은 '우리나라와 같은 문명국에 태어난 것이 다행이긴 하지만 남자로 태어나지 않고 여자로 태어난 것은 불행'이라고 이야기한다. 금원이 여행을 떠난 건 대단한 용기가 필요한 일이었다.

조선시대 여자는 여행이 금지됐었다. 등산이나 물놀이도 금지됐었다. 물놀이를 하다가 들키면 곤장 100대였다. 죽이겠다는 말이다. 그래서 금원은 여자임을 숨기기 위해 남장을 하고 길을 떠났다. 『호동서락기』에는 이렇게 기록돼 있다.

'부모님께 여러 번 간절히 청하니 오랜 후에 이를 허락하셨다. 마치 새장에 갇혀 있던 매가 새장을 나와 곧바로 하늘 높이 날아오르는 기세이고 천리마가 재갈에서 벗어나 곧 천 리를 달리는 기분이었다. 출발에 앞서 남자 옷으로 갈아입고 짐을 꾸려 먼저 4개 군을 향해 떠났다. 머리를 동자처럼 땋고 가마에 앉았는데 가마는 푸른 휘장을 두르고 앞은 훤하게 트여 있었다.'[261]

여행을 가는데 오래도록 부모를 설득해야 했다. 기껏 허락도 받았는데 남자 옷으로 갈아입고 나서야 길을 떠날 수 있었다. 시대는 1830년, 19세기다.

세종, 여자를 시집보내다

조선은 건국 이후 오래도록 남녀가 평등한 사회였다. 실록에는 이런 기록이 보인다.

'우리나라 풍속은 아내 부모 보기를 자기 부모처럼 하고 아내 부모도 역시 사위를 자기 자식과 같이 한다.'[262]

성종 때다. 태종 이방원 또한 처가살이하면서 맏아들 양녕을 낳았다. 양녕 또한 외가에서 자랐다.[263]

데릴사위라는 말이 있다. 사위가 처가에 가서 사는 결혼 제도다. 고구려 때는 이 데릴사위가 보편적인 결혼 방식이기도 했다. 그런 시스템은 조선 초기까지도 여전히 압도적이었다. '장가간다'라는 말은 바로 이런 처가를 중시하는 사회 분위기와 시스템에서 나온 말이다.

그런데 조선 초 기록에는 '한부悍婦'라는 단어가 자주 등장한다. 한부는 '사나운 처'라는 뜻이다. 새 나라를 만든 사람들은 고려가 풍미했던 남녀평등 질서를 거부했다. 그래서 고려시대 여자들처럼 소위 기가 센 여자들을 한부라고 부르면서 규제했다.[264]

조선 통치 시스템을 만든 정도전은 이렇게 이야기한다.

"남자가 여자 집에 장가를 가고 부인은 무지하여 부모의 사랑을 믿고 그 남편을 경멸하거나 교만하고 투기하는 마음이 날로 자라나 마침내 반목하게 되니, 가도家道가 무너지는 것이다."[265]

삼국시대와 고려시대는 여자들 권위가 아주 컸다. 조선 건국 세력은 성리학적 질서를 만들기 위해 여자를 희생시키고, 여자를 희생시키기 위해 천 년 동안 존재해 온 결혼 예법을 변경시킨다.

새로운 예법은 '친영례'다. 신랑이 신부의 집에서 신부를 맞이한 뒤 자신의 집으로 데려와 혼인하는 예법이다. 가문의 주인인 남자가 주도권을 잡을 수 있도록 부부와 가족을 처가 혹은 여자 영향력에서 벗어나게 만드는 제도다. 그 변경에는 세종이라는 막강한 권력자가 큰 역할을 했다. 1434년 세종이 명한다.

"왕자, 왕녀 혼인에는 한결같이 친영례를 행하라."[266]

그리고 1년 뒤 파원군 윤평이라는 사람이 세종 여동생인 숙신옹주淑愼翁主를 친히 데려가 자기 집에서 혼인식을 치렀다. 실록에는 '본국에서 친영親迎이 이로부터 비롯되었다'고 기록돼 있다.[267]

세종이 전격 실시한 친영례는 임진왜란 즈음에 사대부 사회에 퍼져 나갔다. 성종과 중종을 거쳐 성리학이 사회 이념에서 불교를 누르고 주도권을 잡게 된 시점이다. 이미 16세기 후반에는 어지간한 양반집은 처가살이를 청산하고 며느리를 데려오는 시집살이로 풍속을 바꾸게 됐다. 그래서 '장가간다'는 말은 '시집보낸다'는 말로 대체되고 만다.

여자의 굴레, 공자

여자를 묶어 두려는 이론은 누가 만들었을까. 공자다. 주자의 예법을 정리한『소학』에 이렇게 적혀 있다.

'공자가 말씀하였다. 부인은 사람에게 복종하니 혼자서 판단하는 의로움은 없다. 여자에게는 세 가지 따르는 도道가 있으니 친정에 있을 때는 아버지를 따르고, 남에게 시집가서는 남편을 따르고, 남편이 죽으면 아들을 따라 감히 스스로 이루는 바가 없이 가르침과 명령이 규문閨門을 나서지 않는다. 일함은 음식을 마련하는 사이에 있을 뿐이다. 그러므로 여자는 규문 안에서 날을 마치고, 백 리 먼 길 초상집에 달려가지 않는다. 낮에는 뜰에 나다니지 않으며, 밤에 안에 다닐 때에 횃불을 사용하니, 이는 부덕婦德을 바르게 하는 것이다.'

바로 삼종지도三從之道다. 공자가 한 말을 모았다는 『공자가어』와 고대 경전인 『예기』에 나온 말을 주희가 『소학』에 깔끔하게 정리해 놨다.

『소학』은 1300년대 신흥사대부에 의해 고려에 수입됐다. 이 『소학』은 고려가 타도된 뒤 권력을 잡은 사람들에 의해서 사회적인 규범으로 강요됐다. 그 규범에 희생된 사람이 '여자'다.

『소학』에 따르면 여자는 스스로 판단할 권리가 없었다. 주체가 아니라 아버지, 남편, 아들을 따라야 하는 객체이며 자유로이 행동할 수 있는 범위는 규문 안이고 먼 길에 초상이 나도 가서는 안 된다. 그게 부덕婦德, 여자의 덕이었다.

공자는 3,000년 전 사람이다. 600년 전 조선을 만든 건국 세력은 그 규범을 그대로 인용해 조선의 질서를 구축했다. 여자는 철저하게 희생됐다. 그래서 탄생한 것이 장가를 보내는 게 아니라 시집을 오게 만드는 것이었고 여러 가지 신체 이동의 억압과 복장 같은 신분적 규제였다.

여자들에게는 성리학적 교육 기회도 없었다. 성리학적인 정책을 펼칠 기회는 아예 상상할 수 없었다. 그래서 여자들은 그때까지 남아 있던 불교적인, 무속적인 기회를 통해서 외부로 자기 욕망과 의지를 발산하고 자기만족을 성취할 기회로 삼았다. 그런데 남자들은 그 기회마저도 박탈했다.

'양반의 부녀와 여기女妓 외에는 꽃신을 쓰지 못하게 한다.'[268]

'사족의 부녀로서 산간이나 물가에서 놀이잔치를 하거나 야제, 산천, 성황 사묘제를 직접 지낸 자는 장 100대를 친다.'[269]

세종이 만든 억압, 그리고 『경국대전』에 기록돼 있는 여자에 대한 억압이다. 상상이 되는가.

금원의 여행, 그 종착지

우리 금원이 나이 열넷에 남장을 하고 여행을 떠난 것도 이런 사회적인 배경이 있었기 때문이다. 들키면 곤장 100대를 맞아야 하는 그 엄혹한 지옥으로 비밀리에 숨어 들어간 것이다. 금원은 이렇게 기록한다.

'나의 재주로 글을 지어 이름을 세상에 알릴 수 있을 것이다. 여자라 해서, 한미한 집안에 태어났다고 해서, 집안에 갇혀 이름 없이 사라지지 않으리라. 내 뜻은 결정되었다. 혼인하기 전에, 천지를 떠돌며 빼어난 경치를 보고 아름다운 문장을 지으리라.'

그렇게 금원은 오로지 남자들에게만 허용된 세상 구경을 한다. 금강산에서 금원은 이렇게 기록한다.

'다음 날 아침 멀리 바다를 보니 바다 빛과 하늘빛이 한가지 색으로 어우러져 마치 허공에서 바람을 타고 있는 느낌이 든다. 비록 중국에는 가 보지 못했지만 중국인조차 고려 땅에 태어나 한 번이라도 금강산을 보는 것이 소원이라 고 했다 하니 금강산과 바다를 본 것은 천하를 다 본 것과 다름이 없다.'

하지만 그런 금원도 시대를 벗어날 수 없었다. 1830년, 근대가 바야흐로 시작되고 있던 시대였음에도 금원은 마침내 여자가 되는 길을 택한다.

'한양을 유람하고는 스스로 복색을 돌아보니 갑자기 처연해짐을 느꼈다. 혼자 속으로 말하기를 여자가 남장을 하고 있는 것은 예사로운 일이 아니다. 군자는 충족한 것을 알면 능히 그칠 줄 알고 절제하며 지나치지 않는다. 반

남한강과 섬강이 만나는 원주 흥원창 나루. 붉은 노을로 여행자들 가슴을 후벼판다. 여자로 태어난 금원의 설움.

면 소인은 감정에 빠져 바로 행하기 때문에 흘러가 돌아올 줄 모른다. 지금 나의 아름다운 경치를 보고자 했던 숙원은 보상되었으니 여기서 그침이 옳을 것이다. 그리하여 다시 본분으로 돌아가 여자의 일에 종사하는 것이 옳지 않겠는가.'

어린 여자 금원은 원주 집으로 돌아간다. 그리고 이듬해 시집을 가서 살다가 죽었다.

금원은 훗날 여자 문인들과 교류하면서 이 기록을 남겼다. 기록에 따르면 금원은 아버지가 양반이지만 어머니는 기생이었다고 한다. 그래서 금원이는 금앵이라는 기생이 됐고 한 남자의 첩으로 들어가 살다 죽었다. 같은 처지에 있는 여자들과 함께 시나 글을 쓰기도 했고 남편과 여행을 하며 많은 글을 남기기도 했다.

금원을 꿈속에 가둬 버린 여자에 대한 규제

그 금원이 산 시대가 1830년대다. 그때까지 조선 왕국이 자랑하는 법전 『경국대전』에는 이런 규제가 남아 있었다.

'행실이 어긋난 부녀 및 재혼한 부녀 소생은 동서 양반직에 등용하지 않되 증손曾孫에 이르러서는 일부 관직 등용을 허가한다.'[270]

'행실이 어긋난 부녀 및 재혼한 여자 소생은 서얼 자손과 함께 과거 시험 응시를 금한다.'[271]

금원.

행실이 어긋난 여자 그리고 재혼한 여자의 아이는 그 증손까지 문신이 됐든 무신이 됐든 관리가 되지 못하며 과거 시험은 증손 이후로도 영원히 응시하지 못하도록 규정됐다. 야외 나들이를 금지하는 규정과 함께 이들 금지조항은 1865년에 개정된『대전회통』에도 여전히 남아 있었다.

이제 금원의 심정이 이해가 가지 않은가. 본인은 바깥세상을 구경할 방법이 없고 그 누구에게 시집을 가더라도 자기가 낳은 아들은 공무원에 임용은 커녕 과거 시험을 볼 수조차도 없는 천벌을 받은 존재임을 그녀는 알고 있던 것이다. 그래서 금원은 자기 이름이 역사에 남는 것만으로 만족하고 서글프게 살아갔다.

'슬프다. 천하 강산의 큼이여! 한 모퉁이 좁은 나라는 큰 볼거리가 되기에 부족하구나. 고금 세월의 장구함이여! 백 년 덧없는 인생은 유쾌하게 즐기기에는 부족하구나. 그러나 한 끝을 들어 그것으로 미루어 보면 천하가 모두 이 강산 같고, 백 년으로 보면 고금이 모두 같은 시대러니. 그렇다면 강산의 크고 작음과 일월의 멀고 가까움을 또 어찌 족히 논하겠는가. 그러나 지난 일과 거쳐 온 곳이 눈 깜짝하는 순간의 꿈일 뿐이니 문장으로 써서 전하지 않는다면 누가 오늘날 금원이 있었음을 알겠는가. 아아, 하루를 견주어 보면 하루가 꿈이고 1년을 견주어 보면 1년 역시 꿈인즉 백 년 천 년에 이르러 과거에서 지금까지 꿈 아닌 것이 없다. 나 역시 꿈속 사람으로 꿈속 일을 기록하고자 하니 이 또한 어찌 꿈속의 꿈이 아니겠는가.'

이런 규제가 공식적으로 사라진 것은 1894년 갑오경장 때, 20세기를 6년 남긴 어느 날이었다. 그리고 이 대한민국 시대, 우리는 마음껏 자유롭게 금수강산과 천하를 함께 주유하며 견문을 넓히고 마음을 넓힐 수 있는 세상에 살고 있는 것이다. 조선이 아니어서 참으로 행복한 세상이 아닌가. 땅의 역사

4장

나는 집이다

나는 화려했다

안국동 8-1번지

01 한강대로42길 '전범 기업' 토목회사 하자마구미의 흔적

수풍댐 북한 국장(國章)에서 용산 건물과 고양 무연고분묘비까지

서울 용산공원 부근 골목에 있는 식민시대 토목회사 하자마구미(間組) 경성 지점 건물. 하자마구미는 한강철교와 수풍댐을 시공한 식민시대 대표적인 토목회사다. 하자마구미가 남긴 흔적은 전국 곳곳에 남아 있다. 2012년 당시 국무총리실 산하 '대일항쟁기위원회'는 하자마구미를 포함해 299개 일본 기업을 전범 기업으로 규정했다.

경기도 고양시 한국항공대 옆에 공동묘지가 있다. 주소는 고양시 화전동 663-9번지다. 묘지 초입에 큼직한 묘비가 있다. 이런 글자가 새겨져 있다.

'京城操車場 第三工區内 無緣合葬之墓(경성조차장 제3공구내 무연합장지묘)'

조차장은 각 열차 차량을 이동하고 연결하고 분리하는 장소를 말한다. 이곳에 연고가 없는 분묘를 한데 합장했다는 뜻이다. 뒷면 끝에는 비석을 세운 조직 이름이 새겨져 있다.

'株式會社 間組水色出張所(주식회사 하자마구미 수색출장소)'

서울 용산역 건너 용산공원과 맞붙어 있는 뒷골목에는 고풍스러운 건물이 한 채 서 있다. 주소는 한강대로42길 13이다. 지금은 민간기업이 입주해 사무실로 쓰고 있는데, 원주인은 일본 건축회사다. 그 건축회사가 하자마구미間組다.

휴전선 북쪽 대한민국 영토를 자기네 나라라고 우기는 '조선민주주의인민공화국'에는 국장國章이 있다. 타원 바깥으로는 곡식이 있고 가운데는 하늘과 산이 있는 전형적인 옛 소비에트 국가 국장 디자인이다. 북한 국장에 있는 산은 백두산과 천지다. 천지 아래에 꽤 큰 공장이 그려져 있다. 그 공장이 수풍댐이다. 당시 세계 최첨단 기술로 7년에 걸쳐 만든 수력발전소다. 수풍댐을 시공한 회사가 바로 이 하자마구미다. 공동묘지에서 경성으로 경성에서 압록

경기도 고양시 한국항공대 옆 화전동 공동묘지에 있는 '경성조차장 제3공구내 무연고 합장지묘'. 하자마구미 수색출장소가 1940년 열차 기지를 만들면서 공사 구간 안에 있는 무연고 무덤을 합장한 묘비다.

강과 평양 한복판으로 이어지는 흔적의 역사.

고양에서 발견된 무연고분묘비

한국항공대 동쪽 야산에 공동묘지가 있다. 이름은 화전동 공동묘지다. 인공으로 조성된 공동묘지가 아니라 역사적으로 하나둘씩 무덤이 생겨나 만들어진 자연 공동묘지다. 주변에 수색역이 있다. 공동묘지는 수색역 차량 기지에서 북서쪽으로 1킬로미터 거리에 있다.

2018년 이 공동묘지에서 큼직한 비석이 발견됐다. 비석을 세운 날짜는 소화昭和 15년(1940) 3월이다. 앞면에는 '京城操車場 第三工區内 無緣合葬之墓(경성조차장 제3공구내 무연합장지묘)'라고 새겨져 있다. 그러니까 조차장 건설을 위해 분묘를 이장할 때 공사 지역 내 연고가 없는 분묘를 한꺼번에 합장하고 세운 비석이다.

뒷면에는 '고양군 구묘지舊墓地'라는 제목 아래 '식수면 수색리', '신도면 덕은리'같이 분묘들이 원래 있던 주소 여섯 군데가 새겨져 있다. 맨 왼쪽 끝에는 '주식회사 하자마구미 수색출장소 건립'이라고 세운 주체가 새겨져 있다. 비석 외형은 양호하다. 그 흔한 6.25 전쟁 총탄 흔적 하나 없이 깨끗하다.

비슷한 비석이 서울 중랑구 망우리공원에도 있다. 1936년 12월에 세운 '이태원묘지 무연분묘 합장비'다. 이태원에 있던 공동묘지를 망우리로 옮기면서 가족 없는 무덤을 열어 화장한 뒤 함께 묻었다는 비석이다. 당시 신문에 따르면 이태원 무연고분묘는 3만 기에 달했다.[272] 파주에 있는 서울시립용미리묘지에는 1970년대 서울 교외 공동묘지에서 집단 이장한 무연고자 유해 10만 여기가 합장돼 있다.

경성조차장과 하자마구미

1936년 서울역과 용산역이 포화 상태에 이르렀다. 총독부는 경성을 비롯해 전국 5개 도시에 조차장 신축계획을 확정했다. 경성 지역 조차장은 수색역에 만들기로 확정했다. 경성조차장은 5만 평 규모로 한 번에 열차 2,000량을 수용할 수 있는 조차장이었다.[273] 전국적으로 진행되던 조차장 건설 공사는 1945년 일본이 패망하면서 미완으로 끝났다. 이후 대한민국이 미완인 경성조차장을 수색 차량 기지로 완성해 지금까지 사용 중이다.

그 공사에 시공사로 참여한 회사가 하자마구미였다. 1889년 설립된 하자마구미는 니시마츠구미西松組, 마츠모토구미松本組와 함께 식민시대 조선 내 주요 토목공사를 맡았던 토목회사다. '組(구미)'는 일본어로 토목회사라는 뜻이다. 이 세 회사는 지금도 운영되고 있다. 하자마구미는 안도安藤-하자마로 사명을 바꿨다.

이들 대규모 토목공사 파트너는 흥남 질소를 만든 일본 기업 노구치 시타가우野口遵였다. 노구치는 총독부 역점사업인 소록도 한센씨병 요양소에 1만 엔을 기부해 총독부와 가까워진 뒤 조선 내 전력사업을 독점하며 회사를 키웠다.[274] 경부선 공사를 비롯해 다양한 공사를 맡은 하자마구미는 노구치에게 '조선이라는 특수 환경에서 풍부하고 귀중한 공사 경험을 쌓은' 회사였다.[275]

노구치는 1932년부터 1943년까지 연속 12년간 함경남도 함주군 흥남읍장을 지냈다.[276] 노구치가 흥남질소공장을 건설한 흥남은 노구치와 하자마구미가 합작한 신흥공업도시였다. 흥남질소공장 전력공급용으로 만든 부전강수력발전소도 이 하자마구미가 시공했다.

하자마구미 경성 지점과 수풍댐

조선 내 영업이 활황을 이루자 하자마구미는 1914년 조선과 일본 영업을 분리해 경성 지점을 설치했다. 목조 건물이었다가 1925년 을축년 대홍수 때 철근 콘크리트 건물로 신축했다.

그 건물이 지금도 남아 있다. 서울 용산역에서 한강대로 건너편 용산우체국 뒷골목에 있다. 베이지색 타일 외벽에 2층 창문을 아치형으로 꾸민 2층 건물이다. 현관 위편 베란다는 사무실로 개조됐지만 옛 형태는 그대로다.

하자마구미가 시공한 조선 내 주요 시설물은 압록강철교(1911), 한강인도교(1917), 대구사범학교(1931), 용산공립중학교(1932), 경성제1고녀 증개축(1933), 반도호텔(1937), 경성조차장(미완) 등이다.

그리고 수풍댐이 있다. 수풍댐은 일본이 세운 만주국과 조선총독부가 합자해 만든 수력발전소다. 1937년 당시 전력량이 세계 최대였던 미국 후버댐(37만kW)보다 더 많은 64만kW 규모의 발전소였다. 생산된 전기는 만주국과 조선에 판매할 예정이었다. 만주국과 조선 양국에 각각 압록강수력발전주식회사를 만들었는데, 두 회사 겸직 사장이 노구치 시타가우였다. 만주 쪽 시공사는 니시마츠구미, 조선 쪽 시공사는 하자마구미였다. 10만kW급 발전기는 일본 도시바와 독일 지멘스가 각각 다섯 대, 한 대를 제작했다.[277]

노동자는 인구가 밀집한 중국 산둥과 조선 남쪽 지역에서 확보했다. "노동자는 우마牛馬처럼 취급하라"는 노구치의 가치관은[278] 이들을 가혹한 노동환경으로 내몰았다. 1941년, 수풍댐과 발전소는 8월 25일에 1호 발전기로 만주에 전기를 보냈고, 9월 1일에 2호기로 조선에 송전하면서 개시했다.

그리고 만 4년 뒤 미군 핵폭탄 두 방에 일본이 연합군에 항복했다. 수풍댐은 북쪽에 진주한 소련군이 접수했다. 소련군은 발전기 여섯 기 가운데 두 기를 전리품으로 뜯어 갔다. 1948년 5월 14일 김일성이 위원장으로 있던 북조선 인민위원회가 대남 송전을 중단했다. 남한은 공포에 가까운 단전 시대를 보내야 했다. 그사이 북한은 댐 균열 보수공사와 소련 기술자를 통한 기계 수리 공사를 벌였다.

6.25 전쟁 때 연합군은 B29 폭격기 1,300대를 동원해 수풍댐 70%를 파괴

했다. 전후 북한은 소련 경제원조와 체코인 기술자 도움으로 발전소를 복구했다. 소련은 뜯어 간 고품질 지멘스 발전기 대신 자기네가 만든 10만kW 발전기 한 기를 설치해 줬다.[279] 이후 북한은 노구치 시타가우가 운영하고 하자마구미가 만든 수풍댐 전기와 홍남질소공장으로 먹고살았다.

북한의 수풍댐, 남한의 전범 기업

소련이 탄생시킨 숱한 옛 소비에트 국가의 국장은 타원형 외곽에 곡식 이삭이 있고 가운데에는 낫과 망치 또는 자기네 국가 상징 조형물이 들어가 있다.

태극과 무궁화 꽃잎이 그려진 대한민국 국장처럼, '조선민주주의인민공화국'도 나름대로 국장이 있다. 북한 정부가 발행한 『조선미술사 2』에 따르면 이 도안은 '위대한 수령님께서 창작 방향과 도안에 담아야 할 내용에 대하여 명백히 밝혀 주시고 친히 창작 과정을 지도해' 나온 작품이다.[280]

김일성이 평양미술대학장 김주경에게 지시해 1947년 채택된 북한 국장은 이렇다. 벼 이삭 한가운데에 붉은 별과 백두산, 천지가 그려져 있고 그 아래 송전시설과 댐이 보인다. 바로 수풍발전소다. '우리나라의 강력한 동력기지'[281]라며 수풍발전소를 김일성의 주체적인 성과로 보는 것이다. 김정은이 장長으로 있는 국무위원회 또한 이 국장을 상징으로 삼고 있다.

자, 대한민국은 어떤가. 2012년 당시 국무총리실 산하 '대일항쟁기 강제동원 피해조사 및 국외 강제동원 희생자 등 지원위원회'는 소위 조선인 강제동원에 간여한 '전범 기업' 299개 명단을 발표했다. 이후 각 지자체에는 전범 기업과 계약을 하지 않겠다는 조례가 입안됐다. 시민단체에서는 '노No 재팬' 광

1947년 '김일성 지도하에 만들었다'는 북한 국장. 가운데에 만주국과 조선이 합작해 만들고 하자마구미가 시공한 수풍댐과 발전소가 그려져 있다. 북한은 이를 자기네가 주체적으로 건설했다고 주장한다. [위키피디아]

풍이 불었다. 그 전범 기업 가운데 하자마구미도 포함돼 있다.

그렇다면 저 흔적들은 무엇인가. 용산에 서 있는 하자마구미 빌딩과 외딴 묘지에 하자마구미가 세운 무연고분묘 비석은 전범이 남긴 지워야 할 흉터? 혹은 역사? 땅의 역사

02 견지동 111번지, '친일파' 이종만의 발자국

"내 꿈은 조선 농촌 갱생에 미력을 바치는 것이외다"

서울 종로 조계사 건너편에는 고풍스러운 붉은 벽돌 건물이 있다. 2층인데 지금은 농협은행 지점으로 사용 중이다. 주소는 견지동 111번지다. 거기에는 신문사가 있었고 금광으로 떼돈을 번 사내 이종만이 있었다.

수수께끼의 인물 이종만

'남들은 이종만 씨를 마치 조선의 로스차일드요, 카네기라고 부른다. 어떤 때는 천만장자의 몸이면서 다 찢어진 양복에 각반을 치고 손수 굴속에 들어가 갱부坑夫들과 괭이 잡고 일도 하며 어떤 때는 5전짜리 전차를 타고 동대문 밖 빈민굴에 나타나 100원도 주고 1,000원도 주고 돌아온다 하여 몽테크리스토 백작 모양으로 상상하는 이도 있다. 세상 여러 십만 명의 주목을 끌고 있는 이종만 씨란 대체 어떠한 인물이며 그의 사업관, 황금관은 어떠한고 필자 또한 궁금하기 짝이 없는 일이다.'[282]

'창랑객滄浪客'이라는 식민시대 잡지『삼천리』기자는 1939년 이종만이라는 인물을 빈민굴에 적선하는 몽테크리스토 백작에 비유하며 그를 인터뷰했다. 이종만은 식민 조선 3대 금광왕으로 불리는 금광 갑부다.

그런데 이종만은 대한민국 '민족문제연구소'가 발간한『친일인명사전』에 수록돼 있다. 내용은 이렇다.

'이종만: 일본명 쓰키시로 쇼마月城鍾萬. 조선임전보국단 이사. 1937년 7월 중일전쟁이 일어나자 '북지위문품대'로 1,000원을 기부했다. 1938년 10월 정주경찰서에 '황군위문금'을 냈다. 1939년 11월 조선총독부가 전 조선 유림을 동원해 조직한 조선유도연합회 평의원을 맡았다. 1940년 7월호『삼천리』에 게재된 '지원병사 제군에게'라는 칼럼에 격려의 글을 실었다.'[283]

친일과 반일이 세상사를 재단하는 칼날로 변해 가는 이 시대, 이종만 혹은 쓰키지로 쇼마의 일생을 보기로 한다.

견지동 111번지 붉은 벽돌집

『삼천리』기자 창랑객이 이종만을 인터뷰한 곳은 서울 '대동광업주식회사' 사무실이다. 사무실 주소는 경성 견지초堅志町 111번지다. 거기에는 붉은 2층 건물이 있고 현판에는 금색으로 회사 이름을 새겨 넣었다. 그 건물은 '실로 조선일보가 앉았을 적에는 이상재 옹을 위시해 안재홍, 신석우, 유진태 등 난다 하는 거인巨人들이 드나들며 안팎으로 사회 일을 지휘하던 자리요, 훗날 중앙일보가 되면서는 여운형, 최선익 등이 또한 천하를 논하던 곳'이다.[284]

이 건물은 1926년 조선일보가 네 번째 사옥으로 만든 건물이다. 1933년부터 1937년까지는 여운형이 운영하던 '조선중앙일보' 사옥으로 사용했다. 『조선중앙일보』는 1936년 베를린올림픽 때 일장기 말소 사건으로 휴간한 뒤 1937년 폐간됐다.

그 이후 해방 때까지 바로 이 이종만이 운영하는 '대동광업주식회사'가 건물을 인수해 사용했다. 매각 비용은 9만8,000원이었다.[285] 지금도 남아 있는 이 건물은 농협은행 건물로 사용 중이다. 서울 종로 조계사 건너편에 있다.

광산업자 이종만의 오뚝이 일생

저 거인들이 거쳐 간 건물을 인수한 광산업자 이종만은 인생이 이러했다. 이종만은 갑신정변 2년 뒤인 1886년 반농반어의 마을인 울산 대현면 용잠리에서 태어났다. 그는 어릴 적 '실로 언어도단인 병마절도사의 전횡을 그저 "양반은 지엄한 존재라 여기고 억울한 삶을 계속하던" 고향 사람들'을 기억한다.[286]

우리나라 나이로 스무 살이 된 1905년 이후 이종만은 대실패 연속의 인생을 살았다. 러일 전쟁 군수품인 '빨간약' 재료로 미역이 쓰인다고 해서 부산에 미역 도매상을 차렸더니 전쟁이 끝나 버렸다. 그물을 사고 어선을 사서 명태잡이를 시작했다가 전복 사고로 명태를 다 수장시켰다.

그러던 1914년, 1차 세계대전이 터졌다. 무기 원료인 중석(텅스텐) 가격이 폭등하면서 강원도 양구에 중석광을 차렸다. 5만 원 가까이 벌었다. 이게 얼마냐. 1914년 당시 서울 중견 목공 일급이 88전이니 월 26일을 일한다고 가정하면 이 목수 월수입은 약 23원이다.[287] 통계청 자료에 따르면 2020년 대한

서울 종로구 견지동 농협은행 종로 지점 건물은 1926년 조선일보 사옥으로 지어졌다가 조선중앙일보 사옥(1933), 1937년 이후에는 '대동광업주식회사' 본사 사무실로 사용됐다. 대동광업 사장 이종만은 '소작농 없는 자작농의 조선'을 꿈꾸며 함남 영평금광 매각자본 155만 원으로 농촌과 교육 갱생 사업을 벌였다. 해방 후 그는 금광이 있는 북한으로 넘어갔다. 그는 지금 '민족문제연구소'에 의해 『친일인명사전』에 올라 있다.

이종만(1886~1977).

민국 임금노동자 평균 월급은 318만 원이다. 이종만이 번 5만 원을 임금 기준으로 환산하면 현재 가치로 69억 원이다. 그런데 전쟁이 끝나면서 중석 값이 폭락했다. 빚을 갚고 또 거지가 됐다. 이어 목재상을 차렸더니 홍수에 목재들이 다 사라져 버렸다.[288] 최창학, 방응모 같은 금광으로 성공한 사람이 잇따라 탄생하자 1928년 이종만 또한 함남 명태동에서 금광 개발에 착수했다. 이번에는 성공했다. 그런데 1931년 겨울, 동업자의 사기극에 말려 한 푼도 건지지 못하고 쫓겨났다. 남은 돈은 27전이었다.

실패밖에 모르는 사업가 이종만은 또다시 금광업에 매달렸다. 1934년 이종만은 채산성 부족으로 방치된 함북 영평금광을 일본인에게서 450원에 사들였다. 2년 뒤 노다지가 터졌다. 1936년 한 해에만 40만 원어치가 넘는 금이

채굴됐다. 그 돈으로 이종만은 역시 함남에 있는 장진금광 개발권을 사들였다. 한 해 채금량 140만 원이 넘었다. 마침내 금광왕이라는 딱지가 붙게 된 것이다.

실패한 사업가의 상상 초월 반전

위에 인용한 『삼천리』 기자는 인터뷰 기사를 이렇게 끝맺었다.

'말이 이에 미치매 나는 심중心中에 울었다. 왜 이리 이 사람을 늦게 만났냐고, 이분의 손목을 붓잡고 오래도록 울고 십헛다.'

왜 울고 싶었을까.

노다지가 터지고 딱 1년 뒤인 1937년 이종만이 그 영평금광을 155만 원에 팔아 치웠다. 그 돈을 사용하는 방법이 이 기자를 울게 만든 것이다. 2년 뒤 찾아간 『삼천리』 기자 창랑객에게 이 천하 갑부가 이리 말했다.

"이 사장의 자리란 것이 실상은 본의가 아닙니다. 나는 저 갱부들과 같이 굴속에 들어가 그네와 같이 일하고 그네를 가르치고 하는 것이 더 마음이 편안하고 또 그가 소원이여요."

인터뷰 2년 전인 1937년 5월 11일 이종만은 바로 그 영평금광을 155만 원에 매각했다고 발표했다. 그리고 다음 날 경성에 있는 '천진루'라는 허름한 여관에서 기자회견이 열렸다. 또 다른 회사를 설립하겠다는 이종만이 설명회를 여는 날이었다. 새 회사 이름은 '대동大同농촌사'다. 이종만이 입을 열었다.

"조선 인구 팔 할이 농사에 종사하는 만큼 조선인 생활은 농촌에 달렸고 농민의 빈궁은 가장 우리의 관심할 바로 생각하고 있었습니다. 제가 10여 년 동안 광업에 종사하다가 금전을 잡게 되었으니 이제부터는 조선 농촌 갱생을 위하여 미력이나마 드려 보자고 계획을 했습니다."[289]

가진 돈은 모두 조선을 위해

450원짜리 금광을 155만 원에 팔아 치운 졸부 입에서 놀라운 발표가 줄줄 튀어나왔다. "155만 원 가운데 50만 원으로 '대동농촌사'를 만든다, 조선 여섯 개 지역에 집단농장을 만들어 경작자에게 영구히 경작권을 준다, 매년 수확량의 삼 할을 의무금으로 징수해 농지 추가 매입 비용으로 쓰고, 30년 뒤에는 의무금을 폐지한다, 교육, 위생, 문화 문제를 부락민이 자치한다, 교육시설을 만들어 농촌의 중추인 청년을 양성하겠다." 조선 농촌의 암癌인 소작 문제를 근본적으로 해결하겠다는 것이다.[290]

이종만은 농장용 토지 매입을 위해 100만 원을 추가로 투입하겠다고 했다. 그러니까 영평금광을 판 돈 전액을 농촌 갱생에 쓰겠다는 발표였다. 1937년 150만 원은 2020년 임금 기준으로 757억 원이다.[291]

기자회견 이틀 뒤 이종만은 영평금광으로 가서 전 직원과 인근 마을에 12만 원을 기부하며 석별식을 치렀다. 그달 28일 이종만은 고향에 보통학교 설립기금으로도 1만5,000원을 기부했다.

또 일주일이 지난 6월 6일 이종만은 '대동광업주식회사' 설립을 공식 발표했다. 자본금 300만 원으로 장진금광을 비롯한 소유 광산을 운영할 이 회사는 광부 전원이 조합원이며, 이들은 임금은 물론 조합원으로 이익 배당을 받게 된다고 했다.[292]

昭和十二年六月十日 (木曜日)

世界的有數鑛山

驚異的含金量! 全幅的大鑛脈!

着着製鍊에도不拘鑛石山積

鐵馬驀進交通도至便

交通

投資

鑛状

躍進

金鑛王李鍾萬氏

社會事業家로登場

文化發展에期待多大

'대동광업주식회사'를 설립한 이종만을 '문화발전에 기대가 다대(多大)한' 사업가로 소개한 1937년 6월 10일 자 『조선일보』. [조선일보 DB]

이종만은 더 이상 노다지 졸부가 아니었다. 그는 '문화발전에 기대가 다대多大한' 사업가였고, '가진 땅이 157만 평에 불과한 것이 (조선 농촌이) 매우 섭섭해할 독지가'였다.[293]

'대동농촌사'는 함남 영흥, 경기 연천, 평남 평원과 경남 하동에 집단농장 다섯 군데를 만들었다. 총면적은 750정보(225만 평)였다. 이름은 농장이 아니라 '농촌'이었다. 쌀을 생산하는 공간이 아니라 사람이 사는 마을이라는 의미가 강하다. 이 가운데 '하동농촌'은 1940년 정식으로 이종만과 농민들 사이에 '자작농 계약'이 맺어졌다.[294] 조선 왕조 내내, 그리고 식민시대에도 절대다수가 자기 땅 없이 소작을 치던 농민들이 자기 땅을 가지게 됐다.

"같이 잘살 길을 찾고자"

이종만은 이어 1937년 10월 신사참배를 거부해 폐교 위기에 처한 평양 숭실학교를 120만 원에 인수하겠다고 발표했다. 이 계획이 불발되자 이종만은 이듬해 평양에 '대동공전'을 설립했다. 이미 수십 차례 사업에 실패하는 동안에도 고향과 경성에 학교를 설립해 아이들을 가르친 이종만이었다.

어느덧 이종만은 대동광업주식회사와 대동농촌사와 대동출판사와 대동공전을 운영하는 대사업가가 돼 있었다. 그런데 이종만은 "2,000만~3,000만 원이면 대학 하나 만들 수 있을 텐데 공업과 농업과 광업을 포함한 종합대학교는 꼭 만들고 싶다"고 했다. 왜? 그가 말했다.

"다 같이 잘살 길을 찾자는 일 이외에는 없소이다."[295]

『삼천리』 기자 창랑객이 인터뷰 기사 말미에 '손목을 붓잡고 울고 십헛다'라고 쓴 이유가 짐작이 가고 남는다.

이종만의 월북과 『친일인명사전』

1941년 태평양 전쟁 발발로 금광업에 대한 총독부 지원이 중단됐다. 금광을 모체로 한 이종만의 '대동' 사업체 또한 심한 자금난에 빠졌다. 1937년 중일 전쟁 이후 총독부 기부 활동을 시작한 이종만은 1940년대 '조선임전보국단' 발기인으로 참석하는 등 소위 '친일 활동'을 벌이다 해방을 맞았다.

1948년 4월 평양에서 열린 남북연석회의에 김구와 함께 참석했다 돌아온 이종만은 그해 가을 다시 북으로 가 돌아오지 않았다. 미완으로 남아 있는 장진금광이 함경도에 있었다. 이후 이종만은 북한 정부 광업부 고문이 되었고, 1977년 죽었다. 그가 만든 대동공전 후신이 김책공과대학이다. 이종만은 지금 '자본가'로 유일하게 평양 애국열사릉에 묻혀 있다. 대한민국 '민족문제연구소'는 그를 '일제의 침략 전쟁에 협력한 자'로 규정해『친일인명사전』에 등재했다. 험한 시대를 살아간 한 기업가 이야기였다. 그 이야기가 지금 번화한 서울 종로 거리 한 금융기업 건물에 박제돼 있으니, 과연 건물 하나도 예사롭지 않다. 땅의 역사

03 정동 2번지, 대한민국 과학기술의 요람

그들은 정동 뒷골목에서 과학과 기술 혁명을 꿈꿨다

대한성공회 주교좌교회 옆 언덕을 따라가면 서울 중구 정동 2번지에 '오양수산' 건물이 나온다. 생김새가 보통 사무실 빌딩과 조금 다르다. 사무실 창문마다 양쪽으로 격벽이 쳐져 있고 주차장은 '아주' 넓다. 1층에는 테이크아웃 커피숍, 맥줏집, 참치 횟집이 있는데 그 위로는 다 사무실이다. 그런데 이 건물, 역사를 알고 나면 아주 달라 보인다. 대한민국 과학기술이 잉태된 매우 묵직한 빌딩이다.

정동 2번지 수상한 건물 하나

1963년 9월 13일 서울 광화문 네거리 뒷골목에 정체 모를 건물이 들어섰다. 주소는 중구 정동 2번지였다. 완성된 외곽 생김새는 여느 고층 건물과 달랐다. ㄴ은 자 형태로 지은 건물은 골목길 쪽으로 창문마다 사방이 시멘트 격벽으로 가려져 있었다. 골목길 쪽 건물은 3층이고 뒤쪽 건물은 4층이었다. 널

서울 한복판 세종로 사거리 뒷골목에 있는 사무실 건물 '사조빌딩'(왼쪽 흰 건물)은 대한민국 과학기술 혁명이 태동한 역사적인 장소다. 1959년 이승만 정부가 만든 원자력연구소는 4년이 지난 1963년 건물을 신축하고 방사선의학연구소를 개설했다. 그리고 또 4년이 지난 1967년 대한민국 과학기술처 첫 사무실이 이 병원 건물에 입주했다. 1970년 과학기술처가 종합청사로 이전할 때까지 이 건물에서 이승만 정부가 만든 과학기술의 산실과 박정희 정부가 신설한 과학기술 근대화 작업실이 공생하며 대한민국을 이끌었다.

찍한 주차장이 뒤편에 있었는데, 당시 차량 대수가 그런 넓은 주차장이 필요한 정도는 아니었다. 석 달이 지난 그해 12월 17일 건물 용도가 밝혀졌는데, 현관에 걸린 현판을 보니 '방사선의학연구소'였다. 그 무시무시한 원자폭탄에서 나오는 그 방사선으로 사람을 치료한다는, 원자력병원의 전신이다.

그리고 3년 4개월이 지난 1967년 4월 21일, 더 무시무시한 일이 이 건물에서 벌어졌다. 대한민국 대통령 박정희가 이 좁은 골목에 찾아와 삼엄한 경비 속에 건물 입구에 또 다른 기관 현판을 직접 내거는 게 아닌가. 현판에는 이렇게 새겨져 있었다.

'과-학-기-술-처'

1959년 이승만 정부가 씨앗을 뿌린 원자력과 박정희 정부가 야심 차게 시작한 과학 근대화 작업의 합동 아지트가 탄생한 날이었다.

돈이 되는 과학

1965년 5월 18일 대한민국과 미국은 베트남 파병과 응용과학연구소 설립이라는 약속이 담긴 공동성명을 발표했다. 그때 대한민국 대통령은 뉴욕 월도프 아스토리아호텔에서 열린 교민 환영회에 참석했다. 교민 가운데 김기형이라는 사람과 악수를 하며 박정희가 물었다.

"하는 일이?"

"박사를 따고 전자산업 연구개발실에서 전자 부품 개발 연구 중이다."

김기형은 서울대 화공과를 졸업하고 미국 펜실베이니아주립대에서 박사를 딴 마흔 살 된 사내였다. 대통령이 떠나기 전 김기형이 말을 이었다.

"전자 부품을 따발총 쏘듯 생산하고, 불량품은 자동 선별해서 합격품을 자동 포장해 판매한다. 단가는 1달러 정도다."

"다시 만나기 바란다"는 말을 남기고 대통령은 자리를 떴다.

그리고 1966년 7월 김기형에게 전보 한 통이 도착했다.

'조국 근대화에 동참하시라.'

김기형은 바로 귀국했다. 그리고 1967년 4월 13일 김기형은 대한민국 초대 과학기술처 장관에 임명됐다. 첫 만남 후 7년이 지난 1972년 덕수궁에서 제1회 전자 부품 전시회가 열렸다. 분수대 앞 벤치에 앉아 있던 박정희가 경제과학심의회의 상임위원인 김기형을 부르더니 이렇게 물었다.

"그때 1달러라고 했지?"[296]

7년 뒤에도 박정희는 첫 만남을 기억하고 있었다.

정치, 권력 그리고 과학

1967년은 대통령 선거가 있는 해였다. 박정희 후보는 '조국 근대화'를 선거 구호로 내세웠다. 투표일을 열흘 정도 앞두고 박정희 정부는 과학기술처 설

1970년대 서울 정동에 있던 한국원자력병원 현관과 외관 모습(왼쪽). 오른쪽은 1967년 4월 21일 당시 대통령 박정희가 원자력병원(당시 방사선의학연구소)에 입주한 과학기술처 현판식에 참석한 장면이다. 박정희 앞은 초대 과기처장관 김기형. [한국원자력연구원, 국가기록원]

치를 전격 결정했다. 집권당 정치인으로서 권력을 차지하려는 좋은 미끼가 아닌가. 과학기술처는 선거운동 기간인 그해 4월 21일 개청 됐다. 박정희는 선거 유세 동안 공격적으로 야당에 독설을 날리곤 했다.

"몸은 20세기에 살고 있는데 머리는 19세기에 살고 있다."[297]

박정희가 과학기술을 권력 유지와 재창출에 활용했다는 비판이 없지 않다. 이들은 '과학기술은 최고 통치자의 열정보다 정치적 의도와 맞물리며 추진되곤 했다'고 비판한다.[298] 정치인이니 순수 열정만 있지는 않았을 것이다. 그렇다고 오로지 정치적 의도만으로 과학기술 육성을 주장하지도 않았을 것이다.

박정희에게 과학기술은 경제 자립을 위한 도구였다. 그래서 그는 7년 전 '1달러'를 기억했고, 그것을 주장한 40대 사내를 장관에 앉히기까지 했다. 초대 KIST 소장 최형섭이 장기 연구 대신 단기 응용기술 연구를 위한 연구소를 주장한 이유도 동일했다. 과학기술을 통해 빨리 부강해져야 한다는 것이다.

원자력, 발전에서 치유까지

1959년 이승만 정부는 한국원자력연구소를 설립했다. 이어 원자력원이라는 상급기관도 설립했다. 이승만 정부 원자력 이용 분야는 전력 생산에만 한정되지 않았다. 1963년 원자력원은 방사선의학연구소를 신설했다. 1963년 9월 서울 정동 2번지에 원자력원 건물을 짓고, 12월 17일 방사선의학연구소가 출범했다. 그리고 이듬해 2월 10일 연구소에 암병원이 신설됐다. 병원은 1973년 '원자력병원'으로 개칭됐다.

지금은 유수 의료기관에서 암을 치유하고 있지만 의료 환경이 열악했던

1960년대 원자력병원은 획기적인 암 전문 의료기관이었다. 정동 건물은 그 의료 활동에 최적화된 건물이었다. 사대문 안에서 보기 드문 넓은 주차장과 격벽으로 서로 차단된 사무실 창문 모두 병원용으로 지어진 것이다.

국내 암 환자가 급증하면서 원자력병원은 1973년 2월 17일 원자력연구소 직속 병원으로 개편됐다. 건물 입구에는 '원자력연구소 원자력병원'이라는 현판이 걸렸다. 'Korea Cancer Center Hospital', 영문명 그대로 암병원이다.

정동에 모여든 과학기술

"거, 쟁이들이 모여 귀찮기는 하지만 그들을 통해 과학기술이라는 걸 이해하게 됐어."(1966년 경제기획원 차관 김학렬)[299]

대한민국 정부 과학기술 정책에 가속이 붙으면서 정통 '문과' 관료들도 과학기술의 가치를 조금씩 깨달아 갔다. 그리하여 해방 후 대한민국 과학기술자들이 지속적으로 요구해 온 과학기술 전담 부서, 과학기술처가 탄생했다. 물론 재선을 노리는 정치인 박정희 야심도 한몫했다. 장관은 국무위원 서열이 24명 가운데 23번이었다.

선거가 임박한 1967년 4월 21일, 정동 원자력병원 건물 절반을 빌려 과학기술처가 문을 열었다. 이듬해 한 층을 증축할 정도로 직원도 늘었다. 골목 맞은편은 다방이고 바깥쪽은 대폿집과 식당이 늘어서 있었다. 바로 이날 4월 21일이 '과학의 날'로 지정됐다.

'쟁이들을 이해하게 된' 관료도 있었지만 대다수는 아니었다. 심지어 일반 국민까지 기술을 천시하는 유교적 사고에서 벗어나지 못하고 있었다. 과학기술처는 기술 진흥과 함께 그 전근대 시대정신을 타파해야 하는 책임을 맡아

야 했다.[300]

정동 2번지는 대한민국 과학 입국의 둥지였다. 정권이 숱하게 바뀌고 과학기술처 명칭도 바뀌었지만, '과학'과 '기술'은 변함이 없다. 김영삼 정부 때는 대통령이 '칼국수'를 상시로 내놓자 식품공학 전공 과학기술부 자문위원이 "콩국수가 건강에 좋다"고 말했고, 곧 메뉴가 콩국수로 바뀌기도 했다. 당시 장관은 "대통령이 '과학자 말은 무조건 믿는다'더라"고 전했다.[301]

정동 2번지에서 공생했던 과학기술처는 1970년 정부종합청사 완공과 함께 둥지를 떠났다. 원자력병원은 1972년까지 연인원 48만 명을 원자력으로 치료했다.[302] 원자력병원은 1984년 서울 노원구 공릉동으로 확장 이전했다. 훗날 원자력 가운데 의학 부문은 한국원자력의학원으로 독립했다.

2년 뒤 1986년 한국원자력연구소는 젊은 연구원 44명을 미국으로 보냈다. 당시 소장 한필순이 그들에게 던진 화두는 '필必 설계기술 자립!'이었다. 1967년 과기처 개청식 때 대통령 축사도 동일했다.

"과학기술 진흥은 경제 자립을 가능케 하는 가장 빠른 길이다."[303]

대한민국 과학기술의 첫 둥지 정동 2번지 건물은 민간에게 매각돼 지금은 맥줏집과 식당과 각종 사무실로 쓰이고 있다.

새로운 시대

정동 뒷골목에서 원자력병원과 대한민국 과학기술처가 공생하던 그때, 광화문 네거리에는 개봉관인 아카데미극장과 국제극장, 재개봉관인 시네마코리아가 영업 중이었다. 영화가 끝나면 극장 관객들은 그 뒷골목으로 가서 술이나 커피를 마시며 잡담을 나누곤 했다.

과학기술처가 입주하고 1년이 지난 1968년, 아카데미극장과 시네마코리아는 문을 닫았다. 국제극장 또한 1985년에 문을 닫았다. 땅값 비싼 도심 한가운데에 고층 빌딩이 속속 들어섰다. 세 극장이 문을 열었던 1950년대, 1960년대와는 질적으로 다른 세상 속으로 돌진하던 공화국 대한민국 풍경이었다. 땅의 역사

04 옥인동 47-133번지 윤덕영의 벽수산장

나라 망하고도 제 버릇 못 고친 매관매직의 흔적

서울 종로구 옥인동 골목에는 뜬금없는 돌기둥이 있다. 연립주택 사이로 난 도로 양편에 서 있는 육중한 돌기둥이다. 큰길가 '송석원 터'라는 표지석 뒤쪽 골목이다. 한쪽 기둥은 온전하고 다른 쪽 기둥은 몸통 없이 기단과 머릿돌만 있다. 그 골목을 따라 언덕을 올라가면 지번이 옥인동 47-133인 한옥이 나온다. 한옥으로 오르는 돌계단이 근사하다. 계단 끝에 또 돌기둥 두 개가 있고 집은 그 위편에 있다. 1977년 '옥인동 윤씨가옥'이라는 이름으로 서울시 민속문화재 제23호로 지정됐다가 20년 만에 지정이 철회된 집이다. 식민시대 이 집 주인은 윤덕영이라는 사람이었다.

윤덕영은 순종비인 순정효황후 큰아버지다. 한일병합 후 윤덕영은 은사금 5만 원과 조선 귀족 자작 작위를 받았다. 1910년 10월 총독 데라우치 마사타케로부터 작위를 받은 윤덕영은 조선 귀족 대표로 마차를 타고 덕수궁에 가서 이태왕 고종에게 작위 수여 사실을 보고했다.[304]

서울 종로구 옥인동에 있는 윤덕영의 한옥. 부패한 친일파 윤덕영은 1921년 고종 부태묘 행사 때 분참봉 벼슬 임명장 수백 장을 팔아 비웃음을 샀다.

그 윤덕영이 살던 '옥인동 윤씨가옥'을 식민시대 사람들은 '옥인동 아방궁'이라고 불렀다.

'집 한 채를 14~15년이나 두고 건축하고도 오히려 필역畢役치 못하였다 하면 누구나 경이의 눈을 뜰 것이다.'[305]

'세상 사람이 아방궁이라 이르는 그 집이니 아방궁 짓는 돈이 어디서 나왔는지 그 까닭을 이상히 생각한다.'[306]

위 연립주택 앞 돌기둥에서 이 윤씨가옥까지 거리는 어른 걸음으로 5분이 넘는다. 이 돌기둥이 이 아방궁 입구다. 그러니까 현 옥인동 절반이 윤덕영 개인 소유지였고 윤덕영은 거기에 아방궁을 짓고 살았다. 윤씨가옥을 포함해 프랑스풍으로 지은 윤덕영 별장 이름은 '벽수산장'이다.

좌측 벽수산장 한옥을 오르는 계단과 기둥. 일본식으로 깎은 화강암 기둥이다.
우측 한옥에서 5분 정도 거리 골목에 서 있는 돌기둥. 벽수산장 입구 흔적이다. '아방궁'이라 불렸던 벽수산장은 1966년 화재로 사라졌다.

모두가 비웃은 윤덕영

'안중근이 이등박문을 죽였을 때 사람들은 통쾌하다는 말을 함부로 하지는 못하였으나 모든 사람들 어깨가 들썩 올라갔으며 깊은 방에 앉아서 술을 마시며 서로 기뻐해 마지않았다. 그리고 이때 이완용, 윤덕영, 조민희, 유길준 등은 양궁兩宮(고종과 순종) 분부를 핑계로 즉시 대련大連으로 가서 조상했다. 순종은 친히 통감부로 가서 조문을 마친 후 이등박문에게 문충공文忠公 시호를 내리고 제사비 3만 원을 부조하고 그 유족에게는 10만 원을 하사하였다.'[307]

1934년 5월 9일 『윤치호일기』에는 이렇게 적혀 있다.

'5월 9일 수요일 비. 오늘 한상룡 씨로부터 윤덕영 씨의 아방궁이 37만 엔의 비용이 들었다는 소리를 들었다. 아직도 공사가 끝나지 않았다니! 어리석음 이상이다. 범죄다.'

1940년 일기에는 이렇게 적혀 있다.

'1940년 10월 18일 금요일 흐림. 윤덕영 자작이 간밤에 세상을 떠났다는 소식을 들었다. 옛 조선의 귀족 정치에서 가장 부패하고 못나고 오만한 표본 하나가 사라졌구나.'[308]

세 기록에 공통적으로 나오는 사람이 윤덕영이다. 기록을 종합하면 윤덕영은 '대표적인 친일파'요 '부패한 관리'다. 1910년 한일병합 때 조카딸 순정효

황후가 어새를 치마폭에 감추고 내놓지 않자 큰아버지인 윤덕영이 강제로 끄집어내 조약문에 찍었다는 소문이 돌 정도였다. 근거가 없는 괴담이지만 세상은 그를 그런 악마로 생각했다. 병합 7년 뒤 윤덕영은 순종을 도쿄로 보내 천황을 알현하게 하려는 총독 하세가와 계획을 성사시켜 총독부의 환심을 완벽하게 얻었다. 이왕직 일본인 관리 곤도 시로스케에 따르면 고종이 "조선 500년 동안 본 적 없는 간악한 자"라고 비난할 정도였다.[309] 그런데 부패는 더했다.

식민시대에 터진 매관매직 사건

1919년 1월 고종이 사망했다. 고종 장례식 때 벌어진 사건이 기미만세운동이다. 고종이 죽고 2년이 지난 1921년 3월 31일 고종 위패를 종묘에 모시는 의식이 있었다. 이를 '부태묘'라고 한다. 부태묘를 비롯해 각종 왕실 행사에 필요한 인력을 '차비관'이라고 한다. 차비관은 벼슬이 없는 사람은 임명하지 못했다. 그런데 고종 부태묘는 나라가 없어진 상태라 벼슬이 있을 까닭이 없었다.

차비관은 필요했지만, 옛 규정대로 의식을 치르는 것은 애당초 불가능했다. 이 황당한 설정에 업혀서 조선이 가진 고질적인 병폐, 매관매직 사건이 재발해 버렸다. 이름하여 '분참봉分參奉 사건'이다. 왕실 담당 기관인 이왕직 고위 관리들이 분참봉 벼슬 임명장을 대량으로 찍어 그것을 팔아 치운 돈을 챙긴 사건이다.[310] 식민지가 되기 전 그저 그렇게 살았던 가문이 돈만 있으면 그 '벼슬'을 가질 수 있으니, 이런 꿈 같은 일이 어디 또 있겠는가.

벼슬 밝힌 양반들, 돈 밝힌 관리들

당시 『동아일보』와 『매일신보』 기사에 따르면 전말은 이러했다. 윤덕영은 이왕직에서 일하는 일본 관리들에게 이렇게 설득했다.

"차비관이 많이 필요한데 옛 법에 따르면 벼슬 없는 사람은 안 된다. 옛 벼슬아치들은 거의 시골에 살고 있다. 수당도 적고 예복도 각자 준비해야 하니까 자원할 사람도 적다. 이왕직에서 재력 있는 문벌가 자제에게 벼슬을 줘서 자격을 갖추게 하면 해결되리라고 본다."

벼슬 없는 사람에게 '분참봉' 벼슬을 줘서 차비관 자격을 주자는 이야기였다. 조선 예법을 모르는 일본 관리들은 이에 찬동했다.

두 번 다시 없을 벼슬에 오를 기회였다. 멸망하고 없는 조선 왕국 정식 벼슬을 얻을 수 있다는 소식에 엄청난 응모자가 몰려들었다. 처음 계획은 100명이었는데 윤덕영은 이를 450명까지 늘렸다. 이왕직 내부 인사까지 자기 아들에게 분참봉 자리를 줬고 분참봉 첩지를 팔았다. 지방에서는 자기 자식 벼슬 획득을 축하하는 잔치를 벌였다는 소문이 퍼졌다.

한 달이 조금 지난 뒤 신문들이 450명이나 되는 분참봉의 비리를 보도하기 시작했다.

'그럴듯하게 이유를 꾸며 이왕직 차관과 서무과장을 승낙시켜….'

'분참봉 첩지를 위조해 그 첩지 한 장에 100~400원을 받고 팔아먹은 공문서위조사건.'[311]

전형적인 매관매직 독직 사건이었다. 매관매직으로 부패했던 옛 고종 정권을 연상시키고, 벼슬 밝히는 옛 양반네 허영심을 연상시키는 사건이기도 했다.

언론이 와글와글 떠들어대자 당시 경기도 경찰부에서 수사에 들어갔다. 그리고 5월 24일 경기도 경찰부로부터 사건을 넘겨받은 경성지방법원 검사국은 윤덕영을 전격 소환했다. 윤덕영은 인력거를 검은 휘장으로 꼭꼭 가리고 출두해 수심을 띤 얼굴로 한참을 기다리다가 법원 응접실로 들어갔다.

몸통은 사라진 검찰 수사

그런데 경찰 수사 결과는 분참봉 임명장을 위조해 팔아 치운 협잡배 60여 명의 구속이었다. 윤덕영은 언급조차 없었다.

경찰로부터 사건을 넘겨받은 경성지방법원 검사국은 언론이 몸통으로 지목했던 윤덕영, 한창수, 이왕직 사무관 이원승과 고종 8촌 형제인 이왕직 장관 이재극을 전격 소환해 수사를 이어갔다. 사건 담당 검사는 "조선 귀족이라고 죄 있는 것을 용서할 여지가 없이 범죄가 되는 때에는 단연히 기소할 것"이라고 『매일신보』 기자에게 말하기도 했다.[312] 『매일신보』는 검사 말을 토대로 '괴수 몇 명의 운명도 불일간 결정될 터'라고 보도했다.

8월 4일, 검찰이 수사 결과를 발표했다. 이 세 사람이 모두 '증거 불충분'으로 불기소 처분. 검찰은 "윤덕영이 분참봉을 미끼로 돈을 받았다 하더라도 분참봉 임명은 이왕직 소관이므로 직무상 죄가 안 된다"고 주장했다. 이에 이왕직 장관 이재극은 "그저 미안스러웠다"고 했고 한창수는 "하인이 받은 돈을 뒤늦게 알고 즉시 돌려보냈다"고 했다.[313] 21세기 대한민국에서도 흔히 볼 수 있는 전형적인 꼬리 자르기식 수사였다.

벽수산장에서 촬영한 윤덕영. 절벽에 '벽수산장'이라고 새겨져 있고 그 왼쪽에 '松石園'이라는 세 글자가 보인다. 추사 김정희 글씨다.

불기소 처분이 나기 일주일 전 언론으로부터 몸통으로 지목됐던 윤덕영은 '동아일보'를 명예훼손 혐의로 고소했다. 한 달이 지난 9월 12일 검찰은 윤덕영을 재소환해 동아일보 고소 사건에 장시간 조사했다. 뜻밖에도 석 달 뒤 윤덕영은 신문사에 대한 고소를 자진 취하했다. 윤덕영은 동아일보에 편지를 보내 '허위 사실을 진실이라고 전하게 된 책임도 내 부덕의 소치임을 성찰할 것'이라고 전했다.[314]

1966년 화재로 사라진 윤덕영의 벽수산장. [국가기록원]

옥인동 흔적들

1910년 윤덕영은 옥인동 47번지 땅을 구입했다. 1927년 현재 땅 면적은 1만9,467평으로 옥인동 전체 3만6,361평의 절반에 달했다.[315]

그 땅에 지은 집이 벽수산장이다. 벽수산장 자리는 18세기 천수경이라는 문인이 살던 집 송석원松石園이 있던 자리다. 윤덕영을 촬영한 사진에 김정희가 쓴 '松石園' 세 글자가 보인다. 윤덕영은 1913년 이 자리에 벽수산장을 짓기 시작했다. 완공까지 14~15년이 걸렸다. 해방 후 박헌영이 '조선인민공화국'을 선언하고 이 벽수산장을 사무실로 사용했다.[316] 6.25 전쟁 뒤 UN 산하 한국통일부흥위원단UNCURK이 벽수산장을 사무실로 사용했다.

벽수산장은 1966년 화재로 사라졌다. 윤덕영이 첩에게 줬던 산장 아래 한옥은 폐허로 남아 있다. 곧 서울시가 이를 재활용하리라고 한다.

그 남은 흔적들이 사진에 있는 돌기둥, 계단과 낡아빠진 한옥이다. 나라가 사라지고도 버릇 고치지 못한 매관매직의 흔적이다. 땅의 역사

05 안국동 8-1번지 나는 집이다

윤보선 가옥 100년사

서울 종로구 안국동 8-1번지 윤보선 가옥 사랑채. 1870년대 여흥 민씨 민영주가 처음 만든 이래 1970년대까지 구한말~대한민국 주요 사건 주역들이 살았던 공간이다. 오른쪽 향나무는 정보과 형사의 눈을 피하려는 가림막이고 앞의 연못가는 민주화 가족들이 모였던 곳이다.

구한말에서 식민지, 전쟁과 전란 후 격랑 속에서도 집은 자리를 지켰다. 집을 지었던 사람은 한때 세상을 뒤흔들었던 여흥 민씨 권력자 민영주였다. 이후 집은 갑신정변 주역 박영효를 거쳐 일본인, 그리고 한 나라 대통령과 그 가족으로 주인이 바뀌었다. 하나같이 역사라는 수레바퀴를 끌고 간 주역들이다. 규모와 외형 또한 거듭 바뀌었지만 그 역사가 집에 박아 놓은 흔적은 변함이 없다. 그 집이, 100년 자기 역사를 말한다.

내가 태어났다

1870년 어느 날 내가 태어났다. 나는 집이다. 나를 잉태한 존재는 역사고 나를 만든 이는 여흥 민씨 권력자 민영주다. 민영주는 장터를 떠돌며 떡과 된장을 파는 장돌뱅이였다.[317] 그런데 1866년 음력 3월 21일 골목 하나 아래 감고당에 살던 친척 민씨 여자가 시집가면서 팔자가 피었다. 그녀가 명성황후로 추존된 왕비 민씨, 민비다.[318] 민비 시아버지 흥선대원군 또한 장인이 여흥 민씨 민치구이고 민영주 할아버지 민치우는 이 민치구의 동생이다. 이 겹사돈 관계 덕에 나를 만든 민영주는 왕비 쪽으로도 친척 조카뻘이요 대원군 쪽으로도 처조카뻘인 막강 권력자가 되었다. 권력을 가진 망나니. 그 덕에 안국동 언덕 아래에 내가 태어났다. 100칸이 넘는 대저택이다. 민망나니 영주가 긁어모은 돈이 대궐 같은 집으로 변했다.

나는 화려하였다

봄이면 꽃이 만발하였다. 언덕 북쪽까지 펼쳐진 내 동산 꽃나무 사이로 정자들이 들어섰다.

안국동 8-1번지 윤보선 가옥 대문. 역사가 왕래했던 역사적인 문이다.

내가 얼마나 컸느냐. 375칸이었다. 99칸 상한을 넘어도 한참 넘었다. 첫 주인 민영주에게 고종이 물었다.

"궁궐을 짓는다며?"

"대궐이 아니라 절이올시다."

고종은 웃고 만다. 민망나니가 가진 다른 별명이 '민부처'였으니까. 망나니처럼 잔인하게 모은 재물로 부처처럼 행복하게 산다고 하여 또 다른 별명이 부처였으니, 웃은 것이다.[319]

훗날 나를 차지했던 일본인 쓰네야 모리후쿠는 나를 '주변에서 가장 깊숙하고 한적하고 아름다운 정자가 많아 겨울만 빼면 책 읽기 좋은 집'이라고 했다.[320] 또 어느 날 윤치호가 나에게 왔다. 민영주가 기둥에 걸어 놓은 주련을 보고 그가 한참 웃었다. 망나니 민영주가 '독성현서 행인의사讀聖賢書 行仁義事(성현이 쓴 책을 읽고 인의로운 행동을 실천하라)'라고 적어 놓은 게 아닌가.[321] 전근대 조선을 혐오한 근대 지식인이 망나니 위선을 보았으니 얼마나 웃겼을꼬.

갑신정변, 사라질 뻔했던 나

내가 있던 북촌에는 민씨들 집이 많았다. 1882년 6월 군인들의 반란 '임오군란' 때 많은 집이 불탔다. 1년 넘게 군인 월급을 주지 않은 선혜청 당상이 민씨였고, 군인들은 '진살제민盡殺諸閔(민씨들을 다 죽인다)'이라며 집들을 불태웠다.

그리고 1884년 옆집 살던 홍영식과 언덕 위에 살던 김옥균이 갑신정변을 일으켰다. 정변은 대실패로 끝났다. 옆집 주인 홍영식은 거리에서 죽었고 집은 병원으로, 여고로 변했다. 나와 맞붙어 있던 김옥균 집은 학교로 변했다. 김옥균, 박영효, 서광범, 서재필은 일본으로 달아났다. 모두 집이 북촌이었다.

내 주인 민영주는 이후에도 매일 밤 고종과 민비가 벌이는 심야 파티에서 노래자랑대회를 주관하며 권력을 누렸다.[322] 나는 건재했다.

내가 궁궐이다

세상이 바뀌었다. 심야 파티를 벌이는 국왕 부부에게 가난한 백성이 죽창을 들었다. 1894년 동학농민전쟁이다. 진압을 핑계로 일본군이 들어왔다. 일본 지원을 받은 개혁 갑오 정부가 들어섰다. 민씨들은 몰락했다. 잠깐 몰락했다.

고종과 왕비 민씨는 일본으로 갔던 박영효를 불러들였다. 그리고 그에게 나를 주었다. 국왕 부부는 옛 주인 민씨를 버리고 박씨를 택했다. 민비는 박영효에게 관복을 해 입으라며 옷감과 직녀공을 보내고 저택을 하사했다.[323]

그 저택이 바로 나였다. 민비는 주인 민영주에게 은화 300냥을 값으로 줬다. 훗날 민영주는 고모 민비에게 돈을 제대로 못 받았다고 송사를 걸었다. 행태를 보건대, 민영주는 받고도 더 달라고 행패를 부렸음이 틀림없다.

박영효는 함께 망명했던 서광범과 함께 새로운 내 주인이 되었다. 갑오 정부 간섭을 옛 정적과 손잡고 물리치려는 고종 부부 계책이었다. 사람들은 화려한 나를 일러 '임금이 사는 집과 반대'라고 수군거렸다.[324] 나는 이후 박영효 군호를 따 금릉위궁이라고 불렸다.

내가 불탔다

국왕 부부 계책은 실책이었다. 금릉위 박영효 또한 궁궐로 변한 내 사랑채에서 다시 반역을 꿈꿨다. 고종 부부에게는 배신이었고 박영효에게는 두 번째 정변이었다. 6개월 만에 박영효는 가족을 남기고 다시 일본으로 갔다. 박영효 측근과 내각 고문이던 쓰네야 모리후쿠가 내 새 주인이 되었다.

그러던 1899년 6월 13일 저녁 폭탄이 폭발했다. 박영효 일파가 만들던 폭탄이 터져 버렸다. 임오군란 방화를 견뎌 낸 내가 불탔다. 폭탄을 만들던 두 사람이 죽었다. 세상이 흉흉하여 곳곳에서 사람들이 관리들 집에 폭탄을 던지던 때였다. 겁에 질린 고종도 경운궁(덕수궁)에서 미국-영국 공사관 틈에 있는 중명전으로 피할 정도였다.

경찰이 들이닥쳤다. 함께 살던 주인집 가족이 모두 끌려갔다. 하지만 주인 박영효가 일본에 있으니 유야무야로 끝났다. 대신 나는 크게 부서졌다.[325] 나를 나눠 함께 살던 박영효 친구 쓰네야는 겁에 질려 귀국했다. 나는 대한제국 황실로 넘어갔다.

나를 스쳐 간 사람들

1902년 대한제국 황제 고종이 제국 농상공부 고문 가토 마스오에게 나를 주었다. 가토는 나를 철도국 사무실 겸용으로 삼았다.[326] 가토는 고종이 준 현금 2,000원으로 파괴됐던 나를 부활시켰다. 1907년 옛 주인 박영효가 귀국해 잠시 머문 뒤 나는 사업가 김용달에게 팔렸다. 김용달은 경성직뉴라는 섬유회사 주주였다. 김용달은 나에게 엄청난 돈을 퍼부어 사람 살 만한 집으로 만들었다. 정작 본인은 파산하고 말았다. 경성직뉴는 같은 주주였던 김성수라는 사람이 인수해 경성방직으로 흡수됐다. 김성수는 훗날 옛 명월관 자리에 '동아일보'를 차렸다.

은행으로 넘어간 나를 살린 사람은 조선 귀족 조동윤이다. 남작 조동윤은 이 화려하고 넓은 나를 사서 자기 애첩에게 주었다. 젊고 예뻤던 그 여주인에게 무당이 말했다.

"집이 불길하다."

그녀는 며칠 만에 달아나 버렸다.[327] 나를 잡은 사람은 모두 망하거나 불우했다.

1918년, 버려진 나를 되살린 사람이 윤치소다. 개화파 기업가다. "나라 판일 회개하라"며 조선 귀족 박제순으로부터 기부받은 돈으로 교회를 신축하

윤보선 가옥 사랑채. 박영효가 제2의 쿠데타를 꿈꿨던 공간이며 야당 지도자 윤보선이 동지들과 회의를 했던 공간이다.

윤보선 가옥 안채 식당.

고, 그 옆에 있는 나를 윤치소가 샀다. 교회 이름은 안동교회다. 교회는 지금도 내 옆에 있다.

박제순은 내가 있는 땅 북쪽 언덕에 살고 있었다. 그사이 첫 주인 민영주는 왕실 땅을 가로채려다 걸리고 이토 히로부미 동상을 세우자고 설치다 일본인에게까지 욕을 먹었다.[328] 집은 고쳐도 사람은 고쳐 쓰지 못한다.

전쟁이 터졌다. 부산으로 피란 간 집주인 대신 인민군과 유엔군이 나를 교대로 병원으로 만들었다. 그 덕에 나는 양쪽 공격을 무사히 넘겼다. 내가 지금까지 온전하게 버틴 이유 가운데 하나다. 인민군이 징발했던 이웃집 큰 거울이 지금도 나에게 있다.

대통령이 살았다

윤치소 사촌 형 윤치호는 "크기만 할 뿐 품격이 없다"며 나를 싫어했다. 하지만 이후 나의 주인은 지금까지 윤치소와 그 아들 그 손자 가족이다. 윤치소 아들 이름은 윤보선이다. 대한민국 전 대통령이다. 스코틀랜드 에든버러대학을 나오고 임시정부에서 활동했던 사람이다.

윤보선은 나를 획기적으로 변신시켰다. 옛 조선식 큰 상을 테이블로 만들어 온 가족이 함께 식사했다. 남녀불문 노소불문이었다. 박영효가 두 번째 반란을 꿈꿨던 사랑채는 야당 회의실로 변했다. 아침이면 정치인들이 나에게 와서 사랑채 안방 방석에 앉았다. 방석 위치는 곧 서열이었다. 자기 앉을 방석 위치 하나 옮기는 데 5년이 걸린다고 했다. 젊은 정치가 김영삼은 응접실에서 대기하다가 회의 결과를 기자들에게 발표하곤 했다.

주인 윤보선이 대통령이 되었다. 그가 나를 떠났다. 그리고 그가 대통령직에서 내려왔다. 그가 돌아왔다. 그는 자기를 '정원사'라고 불렀다.

골목 건너편 100년 된 출판사 명문당에 중앙정보부 수사관들이 옥탑을 지었다. 하루도 빠짐없이 나를 내려다봤다. 출판사 사장 어머니가 내 주인과 주인 아들에게 "우리 때문에 미안하다"고 했다. 미안한 건 나였고, 내 주인들인데.

어느 날 주인 윤보선이 사랑채 앞에 전나무를 심었다. 어느덧 나무는 옥탑과 사랑채 회의실 사이를 가릴 만큼 커졌다. 전나무는 죽고, 지금은 우람한 향나무들이 거기 산다. 야당 지도자가 사는 집이다. 민주화 바람에 흩날리던 많은 사람이 나를 찾아왔다. 내 주인 윤보선과 그 아내 공덕귀에게 "내 아들, 내 남편 찾아 달라"며 울었다. 부부가 어렵게 아들 행방을 찾아 주면 그녀들이 내

정보과 형사가 상주했던 명문당 옥탑. 윤보선은 키 큰 나무를 심어 형사들 눈을 가렸다.

사랑채에 있는 나무 구둣주걱.

마당 연못가에서 너울너울 춤을 췄다. 주인집 아들 윤상구가 말했다.

"저들이 아들과 남편을 자랑스러워하는구나."

1980년 그 서울의 봄날, 윤보선은 사랑채에 김영삼과 김대중을 불러 통합을 주문했다. 정치적으로 그가 보여 준 마지막 모습이다. 지금은 주인이 된 그의 아들이 나에게 박혀 있는 흔적들을 매만지며 산다.

그랬다. 내가 태어난 1870년부터 1970년대까지 내 안에서 100년 역사가 그렇게 흘러갔다. 그 사랑채, 그 연못, 늙어 가는 그 향나무 그리고 나. 그렇게 내 안에 역사가 고였다. 마을 어귀를 지키는 노거수처럼, 내가 늙고 있다. 땅의 역사

답사 안내

* 각 장별 중요 답사지 주소 및 검색어입니다. 답사지가 없는 장은 제목만 표시했습니다.
* 대중교통은 인터넷으로 검색해 주십시오.
* 모든 장 이야기 배경이 여행하기 좋은 곳들만은 아닙니다. 답사할 곳이 전국으로 흩어져 있는 경우도 있습니다.

1장 나는 몰랐다

01. 1537년 경회루에서 벌어진 막장 사대(事大) 대참사

- 경복궁: 서울 종로구 사직로 161 경복궁. 화요일 휴관

02. 1년 새 두 번 불탄 궁궐, 창덕궁과 창경궁

- 창의문: 서울 종로구 창의문로 118. 주말에는 부암동주민센터에 주차 후 올라가면 된다.
- 경의궁(현 덕수궁): 서울 중구 세종대로 99 덕수궁. 월요일 휴관
- 창덕궁: 서울 종로구 율곡로 99. 월요일 휴관
- 창경궁: 서울 종로구 창경궁로 185. 월요일 휴관

03. 고구려에서 대한민국까지… 임진강 고랑포구에 흘러간 역사

- 연천호로고루: 경기 연천군 장남면 장남로163번길 128. 고랑포역사공원(경기 연천군 장남면 장남로 270)도 함께 가 볼 만하다.
- 화석정: 경기 파주시 파평면 화석정로 152-72
- 경순왕릉: 경기 연천군 장남면 장남로 288
- 미수 허목 묘역: 경기 연천군 왕징면 강서리 산 90-3. 민통선 북쪽이라 현장에서 출입 절차가 필요하다.
- 허준 묘역: 경기 파주시 진동면 하포리 산129번지. 민통선 안쪽. 출입은 허가를 받아야 한다. (문의: 경기 파주시 문화예술과, 031-940-5831)

04. 남양만 격랑 위로 태양은 빛나고…

- 매향리 평화생태공원: 경기 화성시 우정읍 매향리 184-1. 인적이 드물지만 그 자체로 즐길 만하다.
- 농섬: 경기 화성시 우정읍 매향리 1. 평화생태공원 맞은편. 물이 빠지면 차량으로도 갈 수 있다.
- 시화호: 경기 시흥시 정왕동 2819. 공룡서식지, 갈대습지공원 등 공원으로 지정된 곳이 다수 있다.

05. 양산 '세계인 환영비'와 복잡한 사랑

- 통도사: 경남 양산시 하북면 통도사로 108
- 홍룡사: 경남 양산시 상북면 홍룡로 372
- 세계인 환영비: 양산 대석마을 입구 성산교 다리 오른쪽.

06. "명월아, 세월이 어찌 이리 덧없더냐"

- 일민미술관: 서울 종로구 세종대로 152 일민미술관
- 태화관: 서울특별시 종로구 인사동5길 29. 서울 인사동 '태화빌딩'. 건물 앞에 작은 공원이 조성돼 있다.

07. 한바탕 꿈이더라

- 봉원사: 서울 서대문구 봉원동 산1
- 아소당터: 서울디자인고등학교 교문 내 오른편 화단에 표석이 있다. 공덕동오거리 지하철 3번 출구 옆 공원에 금표비가 남아 있다.
- 남연군 묘: 충남 예산군 덕산면 상가리 산5-28

08. 당쟁으로 사라진 종두법 선구자들

- 지석영 동상: 서울 종로구 연건동 28-2. 서울대학교 병원 구내 의학박물관 앞에 있다.

2장 아프고 어지러웠다

01. 동굴 앞에서 고구려 멸망을 보았다

- 점말동굴: 충북 제천시 송학면 포전리 산68-1. '점말동굴 유적체험관'에 주차 후 도보로 갈 수 있다.

02. 히데요시의 광기와 텅 빈 문경새재

- 문경새재도립공원: 경북 문경시 문경읍 새재로 932

03. 문서 한 장으로 사라진 둔지미 마을

- 둔지방건널목: 용산공원 남쪽 국립중앙박물관 맞은편 이촌역 5번 출구에서 서쪽으로 가면 나온다. 이 용산공원 부지가 옛 둔지미 마을이다.

04. 연평도 소나무와 신미양요

- 연평도: 인천항연안여객터미널에서 배로 4시간이 걸린다. (온라인 예약: island.haewoon.co.kr)
- 포격 현장(연평도 안보교육장): 인천광역시 옹진군 연평면 연평리 174

- 서정우 하사 소나무와 망향전망대: 연평도에서 나눠 주는 지도 참고하면 좋다.
- 강화도 손돌목돈대: 인천 강화군 불은면 덕성리. '광성보' 검색하면 정보를 확인할 수 있다.

05. 총을 든 선비 박상진

- 박상진 생가: 울산 북구 송정동 355

06. 정읍 송시열 송우암수명유허비 '독수(毒手)'의 비밀

- 송우암수명유허비(송시열 사약 받은 곳): 전북 정읍시 우암로 54-1
- 송시열 묘: 충북 괴산군 청천면 청천8길 19

07. 서대문 영은문과 광기의 사대(事大)

- 독립문: 서울 서대문구 현저동 101 서대문독립공원
- 화양계곡 송시열 유적: 충청북도 괴산군 청천면 화양동길 188 외, '만동묘', '화양서원' 검색하면 정보를 확인할 수 있다.
- 창덕궁 대보단: 서울특별시 종로구 와룡동 2-71. 미개방.

08. "저 허망한 술사를 국정에 끼어들지 못하게 하라"

- 세종대왕자태실: 경북 성주군 월항면 인촌리
- 영릉(세종대왕릉): 경기 여주시 세종대왕면 왕대리 901-3

09. "당신 시끄럽다고 서대문을 막아 버려?"

답사 정보 없음

3장 나는 속았다

01. 나주 쌍계정과 신숙주를 위한 변명

- 나주 쌍계정: 전남 나주시 노안면 금안리 251-1. 신숙주 생가터도 마을 안에 있다.
- 신숙주 묘: 경기 의정부시 고산동 산53-7

02. 선비 의사 유이태와 거창 수승대

- 거창 수승대: 경남 거창 위천면 황산리 750-3. 이태사랑바위도 이 부근이다.
- 유이태기념관: 경남 산청군 생초면 월곡리 614-1. 최근 산청에 문을 열었다.
- 동계고택(정온선생생가): 경남 거창군 위천면 강동1길13.

03. 문화재청이 만든 테마공원, 경복궁과 덕수궁

답사 정보 없음

04. 경복궁관리소 140미터 앞에서 발견된 사라진 궁궐 문

답사 정보 없음

05. 런던타워에 있는 17세기 일본 갑옷

• 강진 병영마을 전라병영성하멜기념관: 전남 강진군 병영면 성동리 109

06. 여자의 여행

답사 정보 없음

4장 나는 집이다

01. 한강대로42길 '전범 기업' 토목회사 하자마구미의 흔적

• 고양 하자마구미 무연고합장묘비: 경기 고양시 덕양구 화전동 663-9번지. 화전동공동묘지 초입 100미터 오른쪽 언덕이다.
• 하자마구미 경성 지점: 서울 용산구 한강대로42길 13

02. 견지동 111번지, '친일파' 이종만의 발자국

• 옛 대동광업주식회사 건물 : 서울 종로구 견지동 111번지. 조계사 건너편에 있다.

03. 정동 2번지, 대한민국 과학기술의 요람

• 오양수산(사조빌딩): 서울 중구 정동 2-1번지. 사랑의 열매 건물 옆이다.

04. 옥인동 47-133번지 윤덕영의 벽수산장

• 벽수산장 한옥: 서울 종로구 옥인동 47-133번지
• 골목길 돌기둥: 옥인동 군인아파트에서 도로 건너편 연립주택 골목 입구에 있다.

05. 안국동 8-1번지 나는 집이다

• 윤보선 가옥: 서울 종로구 안국동 8-1번지. 미개방.
• 영응대군 묘: 경기 시흥시 군자동 659-3
• 김옥균, 서재필 집터: 서울 종로구 화동 현 정동도서관. 도서관은 첫째, 셋째 주 수요일 휴관이다.
• 박규수 집터: 서울 종로구 재동 헌법재판소

주

1장

01

1 1537년 3월 14일 『중종실록』
2 김경록, 「조선초기 종계변무의 전개양상과 대명관계」, 『국사관논총』 108, 국사편찬위, 2006
3 1394년 6월 16일 『태조실록』
4 1394년 6월 16일 『태조실록』
5 1403년 11월 15일 『태조실록』
6 1404년 3월 27일 『태조실록』
7 1536년 12월 1일 『중종실록』
8 1537년 2월 30일 『중종실록』
9 1537년 3월 10일 『중종실록』
10 최종석, 「국궁인가 오배삼고두인가?」, 『한국문화』 83권 83호, 규장각한국학연구소, 2018
11 1537년 2월 8일 『중종실록』
12 이상 1537년 3월 14일 『중종실록』
13 1537년 3월 17일 『중종실록』
14 1589년 10월 1일 『선조수정실록』

02

15 신명호, 「임진왜란 중 선조 직계 가족의 피난과 항전」, 『군사』 81호, 군사편찬연구소, 2011
16 류성룡, 『징비록』, 김시덕 역주, 아카넷, 2013, p207
17 1592년 4월 14일 『선조수정실록』
18 1593년 10월 25일 『선조실록』
19 1616년 3월 24일 『광해군일기』
20 1615년 11월 17일 『광해군일기』
21 이상 1623년 3월 12일 『광해군일기』
22 1623년 3월 13일 『인조실록』
23 1623년 3월 15일 『인조실록』
24 1623년 3월 17일 『인조실록』
25 1623년 7월 27일 『인조실록』
26 1623년 10월 1일 『인조실록』
27 『연려실기술』 24, 「인조조고사본말」, '이괄의 변'
28 『연려실기술』, 앞부분
29 1624년 1월 24일 『인조실록』
30 이상 『연려실기술』, 앞부분
31 1624년 2월 8일 『인조실록』
32 『궁궐지 2』, 「창경궁지」, 서울학연구소, 1996, p33; 『창경궁』, 문화재청 창경궁관리소, 2008, p48, 재인용
33 1624년 2월 9일, 12일 『인조실록』
34 1624년 2월 10일 『인조실록』

03

35 1592년 4월 14일 『선조수정실록』
36 1592년 4월 14일 『선조수정실록』
37 1413년 2월 5일 『태종실록』
38 1592년 12월 4일 『선조실록』
39 채제공, 『번암집』 55, 「전(傳)」, '애남전(愛男傳)'
40 1746년 10월 14일 『영조실록』
41 1681년 11월 14일 『승정원일기』
42 허목, 『기언』 57, 「산고속집」, '不知山外事'
43 심노숭, 『자저실기』, 안대회 등 역, 휴머니스트, 2014, p428

04

44 석파학술연구원, 『흥선대원군 사료휘편』 4, 「대원군 체진 비망록」, 현음사, 2005
45 미국방부, 「유지 가능한 사격장 의회 보고서」, 2010, p230
46 마이클 테너슨, 『인간 이후』, 이한음 역, 쌤앤파커스, 2017, p105

05

47 1913년 5월 16일 『매일신보』
48 송상도, 『기려수필(騎驢隨筆)』, 국사편찬위, p102
49 조성운, 「일제하 조선총독부의 관광정책」, 『동아시아 문화연구』 46집, 한양대학교 동아시아문화연구소, 2009
50 1927년 4월 16일 『부산일보』

06

51 2010년 4월 20일 『시사저널』
52 강무, 「명월관」 26, 『한글+한자문화』 2009년 1월호, 전국한자교육추진총연합회
53 이용선, 『조선의 큰 부자 2』, 하늘출판사, 1997, p153
54 조선유교회총부, 『조선유교회선언서급헌장』, 1933, p135; 주영하, 「조선요리옥의 탄생: 안순환과 명월관」, 『동양학』 50집, 단국대 동양학연구소, 2011, 재인용
55 1909년 4월 9일 『대한매일신보』
56 1908년 12월 15일 『승정원일기』
57 1908년 12월 21일 『대한제국 관보』; 1910년 8월 19일 『순종실록』 등
58 1915년 1월 19일 『매일신보』
59 1919년 5월 24일 『매일신보』
60 1932년 4월 『삼천리』 4권 4호
61 『삼천리』, 앞 기사
62 1911년 2월 1일 『조선총독부 관보』 130호
63 1935년 9월 27일 『조선일보』, 10월 1일 『동아일보』
64 1921년 2월 27일 『동아일보』
65 1942년 8월 1일 『경성신문』
66 반민특위 박흥식 피의자 신문조서

07

67 김도태, 『서재필 박사 자서전』, 을유문화사, 1972, pp.83~85
68 『대동시선』 10, 장지연 편, 신문관, 1918
69 1885년 9월 10일 『고종실록』
70 황현, 『매천야록』 1 上 ② '14. 대원군의 가묘', 국사편찬위
71 1870년 8월 25일 『고종실록』
72 1895년 4월 23일 『고종실록』
73 '남연군비'
74 1623년 3월 13일 『인조실록』
75 1623년 5월 22일 등 『인조실록』
76 조극선, 『인재일록』 4책, 1620년 10월 1일
77 이상 조극선, 앞 책, 1621년 2월 30일, 11월 24일, 1623년 윤10월 6일 등
78 이철환, 『길보유고』, 조성환 역, 「상삼삼매(象山三昧)」, 가야산역사문화연구소, 2020, p85
79 송인(1517~1584), 『이암유고』
80 임방(1640~1724), 『수촌집』
81 이의숙(1733~1807), 『이재집』 4, 「가야산기」

08

82 지석영, 「우두에 관하여」, 1903년 3월 24일 『황성신문』
83 1418년 2월 4일 『태종실록』
84 1738년 7월 3일 『영조실록』
85 김호, 「조선후기 '두진' 연구」, 『한국문화』 17호, 서울대학교 규장각한국학연구소, 1996
86 1701년 9월 26일 『숙종실록』
87 1711년 11월 24일 『숙종실록』
88 1544년 12월 21일 『중종실록』
89 허준, 『언해두창집요(諺解痘瘡集要)』 上, 「해독면두방(解毒免痘方)」; 오재근, 「조선 의관 허준의 두창 의학과 변증(辨證)」, 『의사학』 30권1호, 대한의사학회, 2021, 재인용
90 임서봉, 『홍진경험방』, 1752; 김호, 「'이의순명'의 길: 다산 정약용의 종두법 연구」, 『민족문화연구』 72호, 고려대학교 민족문화연구원, 2016, 재인용
91 김호(1996)
92 정약용, 『마과회통』, 「운기(運氣)」
93 이상 정약용, 『여유당전서』, 「문집」 10, '종두설(種痘說)'
94 정약용, 앞 책, '종두설(種痘說)'
95 권복규 등, 「정약용의 우두법 도입에 미친 천주교 세력의 영향: 하나의 가설」, 『의사학』 6권 1호, 대한의사학회, 1997

2장

01

96 『삼국사기』 4, 「신라본기」 4, 576년 진흥왕 37년, '화랑을 받들다'
97 『삼국유사』 3, 「미륵선화·미시랑·진자스님」
98 '임신서기석'
99 『삼국유사』 7, 「신라본기」 7, 671년 문무왕 11

년, '당나라 총관 설인귀가 왕에게 편지를 보내다'
100 『삼국사기』 49, 열전 9, '개소문(蓋蘇文)'
101 『삼국사기』 49, 열전 9, '개소문(蓋蘇文)'
102 『삼국사기』, 「신라본기」 5, 642년 선덕왕 11년
103 육군군사연구소, 『한국군사사 2: 고대.2』, 경인문화사, 2012
104 『삼국사기』 47, 열전 7, '계백(階伯)'
105 『삼국사기』 5, 「신라본기」 5, 660년 7월 9일 태종무열왕 7년, '신라와 백제가 황산벌에서 싸우다'
106 『삼국사기』 22, 「고구려본기」 10, 666년 보장왕, '연개소문이 죽고, 아들들이 다투다'
107 '연남생 묘지명'; 서영교, 『고대 동아시아 세계대전』, 글항아리, 2021, 재인용
108 서영교, 앞 책, p722

02

109 루이스 프로이스, 『오다 노부나가와 도요토미 히데요시는 어떤 인물인가』(일본사), 박수철 편역, 위더스북, 2017, p269
110 김제민, 『오봉선생집』 1, 「비이대원(悲李大源: 이대원을 슬퍼함)」
111 1589년 8월 1일 『선조실록』
112 1587년 3월 3일 『선조실록』
113 이정암, 『사류재집』 8, 「행년일기」 上
114 김덕진, 「1587년 손죽도왜변과 임진왜란」, 『동북아역사논총』 29호, 동북아역사재단, 2010
115 조경남, 『난중잡록』 1, 1588
116 1589년 10월 1일 『선조수정실록』
117 김덕진, 앞 논문; 김집, 『신독재선생유고』 12, 「중봉조선생시장」
118 김덕진, 앞 논문
119 류성룡, 『교감 해설 징비록』, 김시덕 역해, 아카넷, 2013, p149
120 류성룡, 앞 책, p200
121 1592년 6월 1일 『선조수정실록』
122 류성룡, 앞 책, p223
123 루이스 프로이스, 『임진왜란과 도요토미 히데요시』(일본사), 오만 등 역, 부키, 2003, p309
124 루이스 프로이스, 앞 책, p45, p174, p118; 『임진난의 기록: 루이스 프로이스가 본 임진왜란』, 양윤선 등 역, 살림출판사, 2008, p34
125 박동량, 『기재사초』, 「임진일록」3(8월)
126 오희문, 『쇄미록』, 1594년 4월 3일
127 1593년 1월 1일 『선조수정실록』

03

128 김윤식, 『속음청사』 下 1905년 8월 19일, 국사편찬위, p148
129 1903년 11월 23일 『고종실록』
130 『일본외교문서』 37권 1책, 「한국의 엄정 중립에 관한 동국 정부 결의 성명」 등, pp. 310~311
131 1904년 3월 1일 『승정원일기』
132 장영숙, 「고종의 정권 운영과 민씨척족의 정치적 역할」, 『한국학』 31권 3호, 영신아카데미 한국학연구소, 2008
133 1900년 4월 17일 『고종실록』
134 F. 매켄지, 『Korea's fight for freedom』, Fleming H Revell Company, 1920, p78
135 『주한일본공사관기록』 18권 12.(20) 한일밀약체결안 협의진행과정 보고 건, 1904년 1월 19일
136 위 같은 책 12.(2) 한국망명자 처리에 관한 건, 1903년 12월 27일
137 위 같은 책 12.(4) 한국조정 회유책에 관한 품신 건
138 위 같은 책 (5) 한국인망명자 처분 교섭에 대한 칙지
139 『일본외교문서』 37권 1책, 「한국황제 내탕금 아군 군수 지원」, p273
140 『일본외교문서』 37권 1책, 「3월 20일 이토 특파대사 내알현시말」, p294

04

141 옹진군, 『연평도 포격사건 백서』, 2012, p73
142 존 로저스, 『조선 요새 함락 보고서』, 1871; 『고종시대사』 1871년 5월 18일
143 『어재순 행장』

144 미해군 소령 윈필드 슐리, 『Forty-Five Years Under The Flag(성조기 아래 45년)』, 1904, Appleton And Company, p95
145 『어재순 행장』

05

146 1915년 12월 26일 『매일신보』
147 김낙년 등, 『한국의 장기통계 1』, 해남, 2018, p191
148 이상 박맹진, 『고헌실기약초』, 1945
149 이기, 「일부벽파론(一斧劈破論)」, 1908
150 허복, 『왕산허위선생거의사실대략』
151 총독부 경북경찰부, 국역, 『고등경찰요사』(1934), 류시중 등 역주, 안동독립운동기념관, 2010, p338
152 박중훈, 「고헌 박상진의 생애와 항일투쟁활동」, 『국학연구』 6권, 국학연구소, 2001
153 박경중(박상진 아들), 『고헌박상진선생약력』, 1946
154 박중훈, 앞 논문
155 경성복심법원, 1919년 9월 22일 박상진 등 판결문
156 위 판결문
157 총독부 경북경찰부, 앞 책, p339
158 『고헌실기약초』
159 경성복심법원, 앞 판결문
160 총독부 경북경찰부, 앞 책, p339
161 박중훈, 『역사, 그 안의 역사』, 박상진의사추모사업회, 2021, p294
162 박상진, <옥중 절명시>

06

163 1757년 8월 10일, 10월 2일 『영조실록』
164 정조, 『홍재전서』 15, 「문정공송시열신도비명」
165 남하정, 『동소만록』(1779), 원재린 역, 혜안, 2017, p303
166 1682년 10월 21일 『숙종실록』
167 권상하, 『한수재선생문집 부록』, 「황강문답」
168 이건창, 『당의통략』, 이덕일 역, 자유문고, 2015, p199
169 1682년 11월 10일 『숙종실록』
170 1683년 2월 2일 『숙종실록』
171 권상하, 앞 책, 같은 글
172 1683년 1월 19일 『숙종실록』
173 송시열, 『송자대전』 부록 15, 「김간(金榦)의 기록」
174 1689년 2월 1일 『숙종실록』
175 1689년 5월 4일 『숙종실록』
176 이긍익, 『연려실기술』 35, 「숙종조고사본말」, '원자의 명호를 정하다'
177 송시열, 『송자대전』, 「송서습유」 7, '악대설화'

07

178 이상 국사편찬위원회, '한국사데이터베이스' 정보
179 1392년 11월 29일, 1393년 2월 15일 『태조실록』
180 김영식, 『중국과 조선, 그리고 중화』, 아카넷, 2018, p33 각주
181 1416년 6월 1일 『태종실록』
182 1488년 3월 3일 『성종실록』
183 1599년 10월 5일 『선조실록』
184 1637년 5월 28일 『인조실록』, 김상헌의 상소문
185 1637년 8월 12일 『인조실록』, 대사헌 김영조 상소문
186 최창대, 『곤륜집』 20, 「지천공유사」
187 송시열, 『송자대전』, 「송서습유」 7, '악대설화'
188 1704년 3월 19일 『숙종실록』
189 송시열, 『송자대전』 146, 「경오 대통력 발」
190 1787년 2월 11일 『정조실록』
191 1787년 3월 7일 『일성록』
192 성대중, 『청성잡기』 3, 「잡언」
193 김평묵, 『중암선생문집』 38, 「척양대의(斥洋大意)」

08

194 1443년 12월 11일 『세종실록』
195 1436년 8월 8일 『세종실록』
196 1444년 윤7월 8일 『세종실록』
197 1394년 8월 13일 『태조실록』
198 1433년 7월 15일 『세종실록』

199 1430년 7월 7일 『세종실록』
200 1413년 6월 19일 『태종실록』
201 1430년 8월 21일 『세종실록』
202 1433년 7월 22일 『세종실록』
203 1433년 7월 26일 『세종실록』
204 1437년 10월 19일 『세종실록』
205 1438년 4월 15일 『세종실록』
206 1464년 3월 11일 『세조실록』
207 성남문화원, 『판교마을지』 1, 2002, p37
208 1433년 7월 3일 『세종실록』
209 1441년 6월 9일 등 『세종실록』
210 1433년 7월 26일 『세종실록』
211 1441년 7월 18일, 8월 25일, 1443년 1월 30일 『세종실록』
212 1444년 윤7월 8일 『세종실록』
213 1445년 1월 1일 『세종실록』
214 1446년 7월 5일 『세종실록』
215 1468년 11월 29일, 1469년 3월 6일 등 『예종실록』
216 박제가, 『북학의』, 안대회 교감역주, 돌베개, 2013, p263
217 1433년 7월 15일 『세종실록』
218 1904년 4월 26일 『윤치호일기』

09

219 1396년 9월 24일 『태조실록』
220 1422년 2월 23일 『세종실록』
221 1413년 6월 19일 『태종실록』
222 1413년 6월 19일 『태종실록』
223 1413년 6월 19일 『태종실록』
224 1418년 8월 1일 『태종실록』
225 1422년 2월 23일 『세종실록』
226 1736년 4월 22일 『영조실록』
227 1736년 4월 22일 『영조실록』
228 1744년 3월 14일 『영조실록』
229 1760년 2월 28일 『영조실록』

3장

01

230 『연려실기술』 4 「단종조 고사본말」, '정난(靖難)에 죽은 여러 신하'
231 남효온, 『추강집』 8, 「속록(續錄)」 전(傳), '육신전(六臣傳)'
232 임수간, 『동사일기 건(東槎日記乾)』, 1682년 9월 22일
233 박덕규, 『사람의 길 큰사람의 길 - 신숙주 평전』(증보판), 박이정, 2017, p231
234 1845년 11월 9일 『헌종실록』
235 1457년 10월 24일 『세조실록』

02

236 노정우, 『인물한국사』, 박우사, 1965, pp. 358~359. 유철호, 「劉以泰 생애와 麻疹篇 연구」, 경희대 박사논문, 2015, 재인용

03

237 국역 『경복궁영건일기』 1, 서울역사편찬원, 2019, p404
238 1888년 6월 24일 『승정원일기』
239 앞 문화재청 보고서, p196
240 앞 문화재청 보고서, p312
241 1899년 양력 3월 3일 『독립신문』 등
242 문화재청 궁능유적본부 덕수궁관리소, 「덕수궁 대한문 월대 재현 설계 보고서」, 2020, p12
243 2021년 문화재위원회 제1차 사적분과위원회 회의록
244 문화재청, 「덕수궁 돈덕전 복원조사 연구」, 2016, p19
245 문화재청, 앞 보고서, p19

04

246 1426년 10월 26일 『세종실록』 등
247 국역 『경복궁영건일기』, 서울역사편찬원, 2019, p295
248 『통감부문서』6-1-164.경복궁 영추문 장벽에 첩부된 의병 통고문 송부 건, 1909년 3월

13일
249 황현, 『매천야록』 6, '68.경복궁 건물 경매', 국사편찬위
250 1911년 5월 17일 『순종실록부록』
251 1923년 10월 1일 『매일신보』
252 1926년 4월 28일 『매일신보』, 『조선신문』
253 이왕무, 「경복궁 자경전 '서수(瑞獸)'의 고찰」, 『역사민속학』 48, 한국역사민속학회, 2015
254 이왕무, 앞 논문

05

255 2023년 1월 12일 『니혼게이자이신문』
256 가일스 밀턴, 『사무라이 윌리엄』, 조성숙 역, 생각의 나무, 2003, p11
257 가일스 밀턴, 앞 책, p149
258 J. Saris, 『The voyage of Captain John Saris to Japan, 1613』, the Hakluyt Society, London, 1900, pp.129~134
259 헨드릭 하멜, 『하멜 표류기』, 김태진 역, 서해문집, 2003, p76

06

260 금원, 『호동서락기』; 최선경, 『호동서락을 가다』, 옥당, 2013, p17, 재인용
261 최선경, 앞 책, p29(이하 『호동서락기』는 모두 이 책에서 인용했다.)
262 1487년 8월 6일 『성종실록』
263 1438년 12월 7일 『세종실록』
264 강명관, 「조선 전기 부처제(婦處制)와 '사나운 처'(悍婦)」, 『여성과 역사』 25호, 한국여성사학회, 2016
265 정도전, 『조선경국전』, 「혼인」
266 1434년 4월 17일 『세종실록』
267 1435년 3월 4일 『세종실록』
268 1449년 1월 25일 『세종실록』
269 『경국대전』, 「형전」, '금제', 1485
270 『경국대전』, 「이전」, '경관직'
271 『경국대전』, 「예전」, '제과'

4장

01

272 1937년 6월 9일 『동아일보』
273 1937년 6월 5일 『매일신보』
274 박상필, 「일제하 일본질소비료주식회사의 부전강·장진강 개발과 노동자 통제」, 서울대 사회교육과 석사논문, 2017
275 정안기, 「1930년대 조선형 특수회사, 「조선압록강수력발전(주)」의 연구」, 『중앙사론』 통권 47호, 중앙대학교 중앙사학연구소, 2018
276 『조선총독부 직원록』, 1932~1943, 조선총독부
277 정안기, 앞 논문
278 박상필, 앞 논문
279 양지혜, 「수풍댐을 통해 본 북한 산업시설의 보존, 파괴, 역사」, 『역사비평』 143, 역사문제연구소, 2023
280 최희선, 「남북한 통일 과정에서 필요한 디자인정책 연구」, 서울대 대자인학부 박사논문, 2015
281 1955년 5월 26일 『로동신문』; 양지혜, 앞 논문, 재인용

02

282 『삼천리』 11권 7호 1939년 6월호
283 민족문제연구소, 『친일인명사전』
284 『삼천리』, 앞글
285 1938년 10월 『삼천리』 10권 10호
286 1940년 4월 3일 『동아일보』
287 김낙년 등 4명, 『한국의 장기통계』 1, 해남, 2018, p191
288 이상 1937년 6월 10일 『조선일보』
289 1937년 5월 13일 『조선일보』
290 이상 『조선일보』 위 날짜 등
291 위 김낙년, 통계청 자료
292 1937년 6월 9일 『조선일보』
293 1937년 6월 10일 『조선일보』, 9월 17일 『동아일보』
294 방기중, 「일제말기 대동사업체의 경제자립 운동과 이념」, 『한국사연구』 95호, 한국사연

구회, 1996
295 『삼천리』, 맨 앞글

03

296 김기형, 『과학기술처 출범과 박 대통령』, 「과학대통령 박정희와 리더십」, MSD미디어, 2010, pp.267~271
297 김근배 등, 『'과학대통령 박정희' 신화를 넘어』, 역사비평사, 2018, pp.35~36
298 김근배, 앞 책, p38
299 전상근, 『한국의 과학기술정책』, 정우사, 1982, p102
300 이응선 등, 『과학기술 선진국을 이룬 숨겨진 이야기들』, 한국기술경영연구원, 2012, p16
301 이응선, 앞 책, p51
302 『한국원자력연구원 60년사』, p20
303 김근배, 앞 책, p36

04

304 1910년 10월 11일 『매일신보』
305 1926년 5월 31일 『조선일보』
306 1921년 7월 27일 『동아일보』
307 황현, 『매천야록』6 1909년④ '1.안중근의 이등박문 사살', 국사편찬위
308 이상 해당 날짜 국역 『윤치호일기』, 국사편찬위
309 곤도 시로스케, 『대한제국 황실비사』, 이연숙 역, 이마고, 2007, p177
310 김대호, 「일제하 종묘를 둘러싼 세력 갈등과 공간 변형」, 『서울학연구』 43호, 서울시립대학교 서울학연구소, 2011
311 1921년 5월 12일 『동아일보』; 1921년 7월 30일 『매일신보』
312 1921년 7월 23일 『매일신보』
313 1921년 8월 5일 『매일신보』
314 1921년 12월 6일 『동아일보』
315 김해경, 「벽수산장으로 본 근대정원의 조영기법 해석」, 『서울학연구』 62호, 서울시립대학교 서울학연구소, 2016
316 손세일, 「조선인민공화국의 주석과 내무부장」, 『월간조선』 2010년 7월호

05

317 황현, 『매천야록』 1 上, '14.장탕반과 망나니 민영주', 국사편찬위
318 1866년 3월 21일 『고종실록』
319 황현, 『매천야록』 3 1899년, '10.성균관에 박사제 설치', 국사편찬위
320 쓰네야 모리후쿠(恒屋盛服), 『朝鮮開化史』 서문, 東亞同文會, 1904
321 1920년 11월 5일 『윤치호일기』
322 황현, 『매천야록』 2, 1894년①, '19.궁중의 아리랑 타령', 국사편찬위
323 『주한일본공사관기록』5-五-(14)조선 정황 보고 제2, 1894년 12월 28일
324 황현, 앞 책 2, 1895년①, '8.박영효의 기복'
325 『주한일본공사관기록』13-8-(46) 망명자 귀국 운운에 관한 풍설과 폭렬탄 1건, 1899년 6월 27일
326 1902년 11월 22일 『황성신문』 등
327 1918년 6월 3일 『윤치호일기』
328 황현, 앞 책 6, 1909년④, '1.안중근의 이등박문 사살'